じつは、

関西弁が最強の話し方である

思考を変えてコミュ力アップ！　人間関係も良好！

芝山大補　著

主婦と生活社

関西弁が世界を、日本を、自分を救う

――大げさではなく、本当のことである。

商人の町で生まれ、進化してきた関西弁には、
じつは、すぐれた会話術のエッセンスが、
ぎっしりと詰まっている。
テンポ、言葉の語呂の良さが会話をスムーズにし、
相手の緊張感をなくす。
話し相手に気持ちよくなってほしいという、
サービス精神が根付いている言葉なのである。

人と話すのが苦手、会話が続かない、面白い話、
気の利いた話ができない……。
日ごろのコミュニケーション、
人間関係に困っている人は、
関西弁を話してみよう。
話すのは「ちょっと……」と思う人は、
そのマインドをまねしてみよう。

会話が変われば、気持ちは変わる。
自分が変われば、相手も変わる。
みんなが明るく笑えば、世界もきっと変わる。

〜はじめに〜
究極の「話し方」は、相手を喜ばせること

最初に自己紹介をすると、僕は芸人のネタを考える「ネタ作家」という立場で、これまで３００組を超える芸人と仕事をしてきました。また、お笑い養成講座で芸人の卵たちの講師をしたり、ＳＮＳで「笑い」の技術によってコミュニケーションがうまくなる方法などを紹介しています。最近ではありがたいことに、企業や大学での講演なども増えてきています。

以前は芸人だった時代もあり、「キング・オブ・コント準決勝」も二度経験しました。そんな僕は、小さいころからシャレにならないくらいの貧乏な家庭で育ち、街が尼崎ということで、学校や街でいかにヤンキーにシバかれないようにするかしか考えていませんでした。どれくらい治安が悪いかというと、コンビニのバイトをしてい

るときに強盗に遭ったことがあり、新聞にも載ったほどです。余談ですが、母はイカれているので、嬉しそうにその記事を切り抜いて大切にしまっていました。

そんな地獄のなかで、唯一の楽しみが笑いでした。いろいろな芸人に憧れて友だちとアホなことを言い合って、アホなことをしまくって、しまいには芸人にまでなったのは、「笑い」がいつだって心の支えだったからだと思います。

兵庫県の尼崎に生まれて育ち、芸人のスタートも関西だった僕にとって、当たり前のことですが、関西弁は切っても切れない言葉です。ネタ作家、お笑いの講師になって思ったのは、関西弁ってじつはコミュニケーションをとるうえで、とても便利で機能的な言葉であるということでした。

笑いでその場の雰囲気を和らげて、親近感をもってもらえるだけではなく、関西弁独特の言い回しが意思の疎通を容易にしてくれるのです（たまに関西弁は怖いって言われたりすることもあるけどね）。

関西では、街のあちらこちらで、会話を楽しんでいる人の姿を目にします。彼らは表情豊かに話し、ときには真剣に会話を交わします。そして、そこには必ず「笑い」があります。関西弁は、商人の街・大阪の商売人が物を買ってもらうために客を楽しくもてなそうという愛想から始まり、それが庶民に広がって笑い文化とともに進化した言葉です。人を笑わせることが大好きで、話し相手に気持ちよくなってほしいというサービス精神が根付いているのです（たまに自分さえウケればいいと思っている、勘違い野郎もいるけどね）。

インターネットの発展に伴いソーシャルメディアの利用者が増え、人とのつながりが多様化したと思える現代ですが、それに反して肌と肌を突き合わせて直接会話する機会が減り、コミュニケーションがうまくとれない人が増えてきている気がします。ネットでは言いたいことを言えても、リアルでの会話が苦手という人は、社会に適応するのもむずかしくなります。

そんな人たちに知ってほしいのが「関西弁」です。「相手を喜ばせる」ことを第一として進化したこの方言には、人とのコミュニケーションを良好にする重要なヒントが隠されています。

関西弁は、会話に参加する全員を楽しく幸せにする、すばらしい言葉なのです。会話がスムーズに進むと、人間関係も良好になり、人と人とのつながりを楽しめるようになります。

本書では、関西の人たちが知ってか知らずか話している会話の秘訣を紐解いていきます。一読いただいたあとはきっと、あなたも関西人と同じようにおしゃべり好きになって、話すことが楽しくなっているはずです。そして、僕に講演などの依頼をしたくなるはずです。

この本で関西弁に詳しくなって、人生をいっぱい楽しんでや!!

芝山大補

● じつは、関西弁が最強の話し方である　目次

2章 関西人が知らずにやっている「話」の組み立て方

3章「会話を進める」キャラとシチュエーションづくり

4章 「場」を和らげる、使える「関西弁」の定番フレーズ

1章

めっちゃすごい、関西弁の8のこと

1 サービス精神から生まれた言葉

関西弁。京阪神を中心とした近畿地方で話されている方言の総称です。この一部地方圏でしか話されていない言葉が、近ごろはそれ以外の地域、はたまた標準語がメインの首都圏在住の人たちの口からもちらほら聞かれることがあります。これはひとえに関西出身のお笑い芸人の影響だと思われます。彼らが発信する「笑い」とともに、関西弁が全国に広がったのは間違いないでしょう。ただ、この方言が持つ特性「会話のしやすさ」「親しみやすさ」も、関西弁が各地で話されるようになった要素のひとつと感じています。コミュ力という点ではほかの言葉を寄せつけない、優れた言葉なのです。

関西弁は、大阪を中心とした商人の街で生まれ、進化してきました。ビジネスを円滑に進めるため、テンポよく話し、相手の緊張感をなくすという特長が磨かれました。

　また、テレビでお笑い番組が流れていない日が珍しいという土地柄と、もともとお笑い好きな人が多いという人柄も、関西弁を独特に進化させた要因だと思います。普段の何気ない会話でも、笑いがあることで話が弾むのです。

　寿司屋で注文した品が来ないときに「注文したやつ全然こーへんな～」「いま魚釣りにいっとるんちゃうか」「あらかじめ用意しとけや」のような関西圏以外の人たちから見れば漫才のようなやりとりも、ごく普通の日常会話として交わされています。料理が来ないフラストレーションすらもネタにして、相手もユーモアを盛り込んだツッコミやリアクションで返す。その場の会話を楽しむ、楽しませるというお互いのサービス精神が生み出した関西での一シーンです。

　言いたいことだけを伝える一方的な話し方では、会話は盛り上がらずに続いていきません。相手といる時間を楽しみ、楽しませることが会話の最終目的、それが最高の会話、話し方なのだと思います。

2 「おもろい」は人の幸せのカタチ

コミュニケーションが上手にできると、それだけで生き方が楽になります。自分の言いたいことが相手に伝わるのはもちろん、楽しい時間（会話）が共有できれば、相手の自分の印象も良くなり、人間関係も良好になります。

単調な会話が続くと、聞いている側は退屈になります。それに対して、たいした話ではなくても、話すリズム、ノリで相手に聞かせるのが関西人です。会話の本題よりも、どうにかして相手を笑わせようという点に全力を注いでいます。

僕の地元の尼崎はガラが悪い人が多く、学生のころはちょっと大げさですが、毎日をスラム街にいる気持ちで過ごしていました。同級生の怖いヤンキーにタメ口で話したらシバかれるし、かといって敬語を使うのも違和感があるので、タメ口だけど笑いを加えるという工夫で難を逃れていました。また、学校の友だちに「ウチ

のオカンの得意料理はケロッグコーンフレークや」「それ料理ちゃうわ」みたいな、母が忙しくて料理ができないという不幸すらもネタにしていたのです。関西では、「不幸なこともネタにしろ」精神が育まれます。このような経験によって、どんなことでも笑いで乗り越えていく精神力がついたと思います。

関西は話し好きな人が多い土地柄です。東京は絶えず新しいことが生まれ、街そのものが面白いのに対し、関西は会話や人そのものがエンタメになっています。大阪のおばちゃんならその辺の路地でも夜が明けるまで、いや年が暮れるまでしゃべっているでしょう。それほど、おしゃべりが溢れている街なのです。

おしゃべり好きは、自分の話を聞いてもらうために、会話を面白いものにします。聞く側も会話を楽しむために、話を盛り上げてノリのいいリアクションをする。そして、会話の攻守を交代しながら、お互い話したいことをしゃべり倒して、「あー、おもろかった」と言って、その場にいるみんなが幸せな気分になって終わるのが、関西のコミュニケーションです。

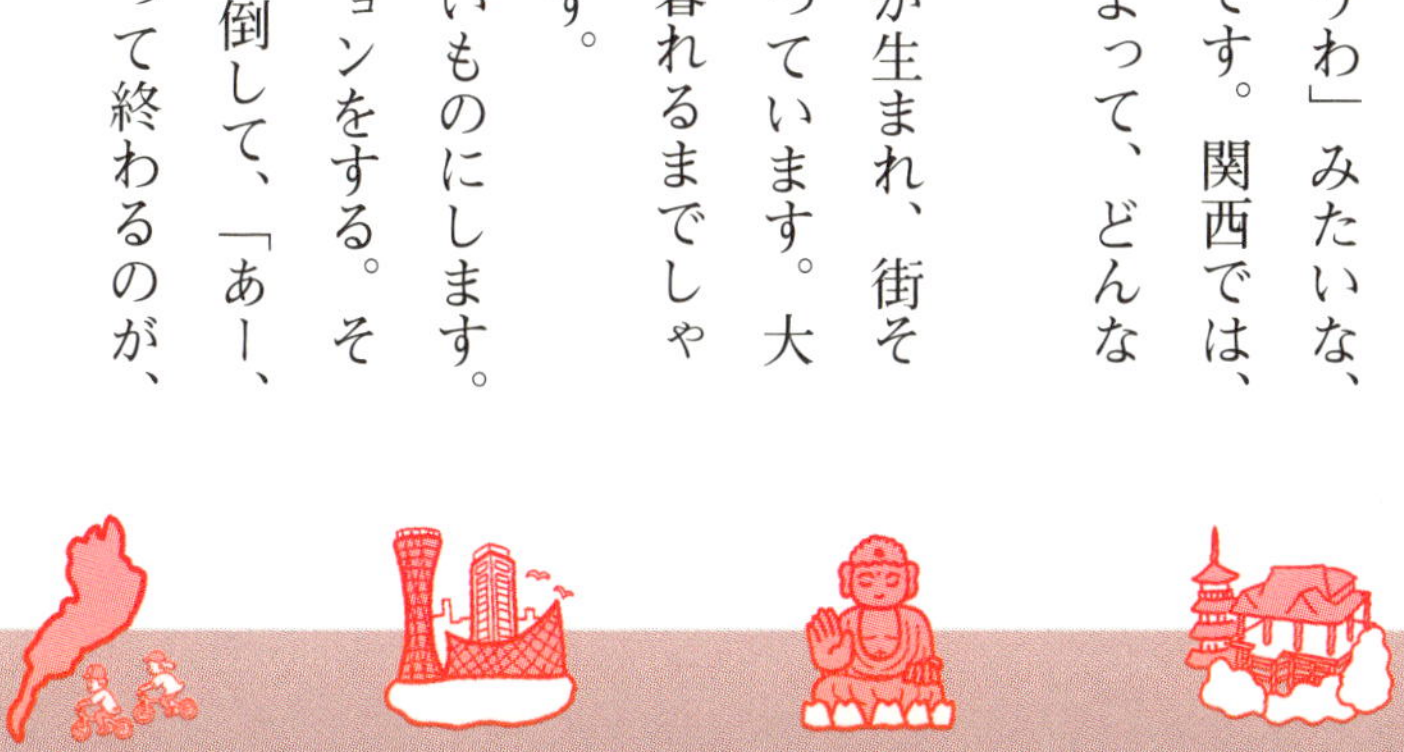

3 関西人の気質をそのまま表現

話し手の人物像が明瞭だと相手は安心します。相手の喜怒哀楽がわかりやすいので、コミュニケーションがとりやすいのです。関西の人は感情表現が豊かで過剰、日本人の中では割とストレートに自分を表現します。関西弁は感情を乗せやすい言葉なのです。

標準語で「すごい」と言うよりも、「めっちゃ」と言ったほうが、気持ちが伝わる気がしませんか。関西弁は抑揚をつけた話し方が多く、その会話はとてもリズミカルです。テンポがいいので、自然と感情を込めた話し方になります。

「ちょっと高いんやないの。もうちょっとまけてや」など、関西の人は裏表がなく、ときに厚かましくズケズケと本音を語ります。それでも悪い印象を与えないのが、関西弁の利点。それは、話の合間に必ず盛り込む「笑い」が緩和材になっているか

ら。不快な気持ちや違和感を面白さが薄めて、気まずい空気感をつくることが少ないのです。

たとえば、相手の出してきたアイデアに納得がいかなかったとしても、「それ、めっちゃええアイデアやな、やけど僕のはスティーブ・ジョブズも頭下げて『もうタートルネックとジーパンのスタイルやめるんで、このアイデアください』言うぐらいのアイデアや。そやから、僕のにしようや」と返せば、相手への批判や拒否も和らいだ印象になります。さらに、「アンポンタン」や「チャランポラン」など、悪い意味の言葉でも語感にユーモアがあるので、相手もあまり腹を立てません。漫才のようにアホな話だけで盛り上がれるのも、関西人のいいところです。

このように関西弁は、関西人の気質をそのまま表現した言葉と言えます。豊かな感情表現やユーモア、それを伝える飾らない言葉のユニークさで、和気藹々《あいあい》と話をすることができます。お互い言いたいことを言い、それが誤解なく伝われば、会話としてベストです。

4 会話の方向はいつも「相手ファースト」

関西弁は意外かもしれませんが、「自分ファースト」ではなく「相手ファースト」の言葉です。前述したように、面白いことが大好きな関西の人たちは、笑ってもらおう、楽しんでもらおうという気持ちを人一倍大切にし、会話においてはサービス精神が旺盛です。指でピストルの真似をして「バンッ」と言えば、「ううーっ」と言って倒れてくれたりするのは、関西ならではの光景と言えるでしょう。普通、いきなりそんなことをされても、キョトンとしてノーリアクションの人が多いと思います。

関西以外で、たとえばバンドをやっている子に「女の子にモテたくて音楽やってんやろ」と言っても、「違います」など当たり障りのない返事しか返ってこないことがあります。関西でこれと同じことを言えば、「ちゃうって！　音楽が好きなの！」「ほんまに〜？」というような会話のやりとりになります。関西人はこのように、いじる側といじられる側になったりして、ポジショントークを始めたりします。こういったやりとりも、関西のノリのよさから生まれるのです。

関西の人は、友だち、家族、知り合いから知らない人まで、やたらいろんな人との「おしゃべり」が大好きです。フレンドリーな人もそうでない人も、「何かあったらこれ話そ」というようなネタを持っており、話に必ず「オチ」を用意する周到さを持ち合わせています。

会話でスベる（反応が少ない）のが怖くない人も多く、スベったことをネタにするのは関西特有の会話術だったりします。

関西での会話の向かう先は、「相手を笑わせること」。なかには、話の本題そっちのけで、「笑い」を目的におしゃべりをする人もいますが、それこそ漫才のように繰り広げられる話を聞いていると、関西では会話が娯楽だということがよくわかります。楽しい会話は相手があってこそ。関西弁の真骨頂がここにあります。

5 自分や相手の個性を立たせる言葉

関西弁は感情を乗せやすい言葉だと述べましたが、それはすなわち自分や相手の個性を際立たせる言葉だということです。

人の性格はいろいろです。責任感のある人ない人、頭が柔らかい人固い人、テキパキした人、おっとりした人など、個性は人それぞれ違います。関西弁で話すとその個性が表れやすく、振る舞いにも特徴が出ます。

3章で詳しく説明しますが、ビジネスの場など、3人以上で会話をするときは、それぞれの役割が決まっていると議題はスムーズに進行します。会話の中心で話を引っ張っていく人、すぐに意見を言って場を活性化させる人などなど、自分の個性を活かした役割分担がなされると、会議はうまくまとまります。

それぞれの個性が周知されていれば会話の役割分担もパズルのようにきれいには

まり、まるで示し合わせたかのようにスムーズに会話は進みます。関西の人は、このキャラ（役割）分けがとても得意です。子どものころから、キャラクターや舞台における役割がはっきりとしている吉本新喜劇などのお笑い番組を見て育ったからだと思います。

お互いのポジションを瞬時に理解し、適切なキャラを演じられるのは、知らず知らずに身についた関西の人特有の共通した能力と言えます。いま自分はツッコミ役、ボケ役、いじられ役のどれを担当すれば、この場にオチが生まれるのか。誰に教えてもらったわけではないのに自然にできるのが、関西人なのです。

大切なのは、自分の個性を把握していても、相手の性格を知っていなければ会話の役割はうまく分担されず、チグハグな会話になりがちということです。友人知人などいつものメンバーなら、相手の性格はある程度わかっていますが、初対面の人やあまり親しくない人の場合は、そうはいきません。そんなときどうすべきかは、のちほど解説していきます。

6 ボキャブラリーがとにかく豊富

芸人が話しているのを見ると、次から次へと言葉が出てきて、どれだけ豊富なボキャブラリーなのかと感心することはないでしょうか。関西では一般の人でも豊富なボキャブラリーで流暢に話す方もいて、僕から見ても下手な芸人よりも何倍も面白いなぁと感心したりします。

面白い面白くないの「笑い」のセンスは別にして、ボキャブラリーが多く感じる要因として、関西弁自体にユニークで面白い語句や表現が多いことがあると思います。お笑い番組などで浸透した、「なんでやねん」や「アホちゃうん」をはじめ、近ごろよく使われている「知らんけど」など、全国区で使われる関西弁は増えています。さらには、「邪魔するで～」や「茶をしばく」の言葉のように、なんとなく口にしてみたい語句が数多くあります。

また、標準語と同じ意味の言葉でも、その意図がまったく違う関西弁があります。たとえば、標準語の「なんでだよ」は関西弁では「なんでやねん」になりますが、語尾の上げ下げで意味が変わります。語尾を上げれば疑問形に、語尾を下げれば、話にオチをつけて一段落させるツッコミ言葉になります。「知らんけど」は責任放棄の意味だけではなく、「なんちゃって」という照れ隠しの気持ちも込められています。

「アホちゃうん」や「しゃあないやっちゃな」は相手を批判する言葉ではなく、じつは愛情表現だったりします。「ぼちぼち」は「ゆっくり」という意味以外にも、「まあまあ」という意味があったり、「まいど」は「毎度」の意味とは別に、「こんにちは」など日常の挨拶として使われていたり、言葉の持つ意味が広いのも関西弁の特徴です。「どつくぞ」「いてこますぞ」などの言葉は、単純に「殴るぞ」と言われるよりきつい印象を与える気がします。これらの豊富なボキャブラリーに共通しているのは、感情表現に優れ、語呂がいいという点だと感じています。

7 地域の仲間の輪を強める

「関西弁」とひとくくりに言っても、大阪、京都、兵庫、奈良、滋賀、和歌山とそれぞれに違いがあります。僕の地元の尼崎は兵庫県の南東部にありますが、その土地柄はどちらかというと大阪寄りで、言い回しは神戸の関西弁でありながら、口調は荒めといった尼崎ならではの特徴があります。

このように兵庫県内でも方言が違っており、それぞれの土地独特の言い回しがあったり、微妙にイントネーションが違ったり、意味が違ったりします。関西人の気質もなかなかに違っていて、大阪人と京都人がお互いに悪口を言い合ったり、滋賀と和歌山は時折、関西圏から仲間外れにされるなど、その地域地域でなかなかに複雑です。

ただ基本、関西地区2府4県は「関西弁」という言葉のつながりで、共同体意識を持っている人が多いと思います。日本には方言が数多くありますが、関西弁ほど広範囲で類似の言葉を共有する地域は珍しいのではないでしょうか。

こうした関西弁による仲間意識は関西地域から一歩外に出るとさらに強まり、東京などで関西弁を聞くとわけもなく親近感が湧き、大げさですが仲間を見つけたような気にもなります。標準語を話していても、イントネーションに関西訛りがあると関西人だとすぐにわかって、ほくそ笑んだりします。

さらに、表面的な言葉遣い以外にも、ボケとツッコミがうまくハマったとき、ギャグがウケたときやオチが上手にはまったときなど、会話のなかで「笑い」が決まったときは、まるで仕事を成し遂げた同志のように感じるという関西人は少なくないはずです。

注意しないといけないのは、この仲間意識が裏目に出たときです。関西圏以外の人がイントネーションの違う関西弁を話したりすると、「エセ関西弁」などと攻撃に転じる人もいたりします。

8 「いじられ」がおいしいという美学

関西の会話で特筆すべきことに、自分または相手を「いじる」という行為があります。一般的にいじりとは、「笑いの種」にすることですが、関西でのそれは俗にいう「いじめ」とは別のものです。相手に対する「好意、好奇心」の表れであり、ポジティブな意図を持っています。

たとえば、太っている人が「スリムすぎるからモデルなろかな?」と自分をいじって場を和ませたり、声が大きい人に「声が大きすぎや！　ここ武道館ちゃうで」などといじって場を盛り上げたりしますが、笑いを伴うので人に不快感を与えることはありません。「いじり」「いじられ」どちらにもメリットがあるのが、関西の「いじり文化」なのです。もちろん、ただ人を悪く言うのはいじめです。相手との関係性、愛、やさしさが必要であることは忘れてはいけません。

関西では、「なんでもエンタメにして楽しみたい」という風潮があります。どんなことでもネタにしてしまう、何か悪いことがあったらそれを笑いにしないと損という「笑い」に対する貪欲さを、関西の人は持っています。その表れが「いじる」であり、情けない自分を見せることはマイナスではない、上の立場より下の立場のほうが笑いをとれるから価値があるという、独特の美学があります。

隙がない人はつまらないけれど、弱い人は愛されます。『ドラえもん』に出てくる、出木杉くんのような優等生は人気がないけれど、のび太くんみたいにみっともないことでも裏表なく見せるほうが、人間的に愛されることを関西の人は知っています。親近感を持たれ、人に好かれることに勝るものはありません。

ちなみに僕は、いじるよりいじられるほうが好きです。わざといじられやすいように話を振るのも、会話のテクニックのひとつです。いじってもらってナンボという気持ちで、いじられを楽しんでいます。みっともなさでも笑いがとれるのが、「いじり」のおいしいところなのです。

関西あるある

大阪のおばちゃんの雑談力

大阪のおばちゃんから「雑談」を学んだことがあります。それは僕がバイトをしているときの話。おばちゃん二人がこんな話をしていました。

A「私の今日の服、500円やで」

B「うそ～、安いな～！　どこで売ってんの？　今日買いに行こうかな～」

A「○○に売ってるで～。行ってみ！」

B「行ってみるわ～！　そやそや、ウチの旦那、今朝転んで怪我してん。どんくさいやろ？」

A「あ～、どんくさいな～！　よかった、ウチの旦那そんなんやなくて～」

次の日、僕はBのおばちゃんに「服買いに行ったんですか？」と聞いたところ、「え？　そんな話してた？　覚えてへんわ～」と返されました。この話からも、おばちゃんの会話のルールは、「気持ち良くなるリアクションはする」が「基本は話を聞いていない」ということがわかります。

僕らは「雑談」をむずかしく考えがちですが、このように「話したい話をする」「気持ち良いリアクションをする」だけでいいのかもしれません。おばちゃんを見ていると、会話をストレス発散ツールとしてうまく使っているなと感心します。

2章

関西人が知らずにやっている「話」の組み立て方

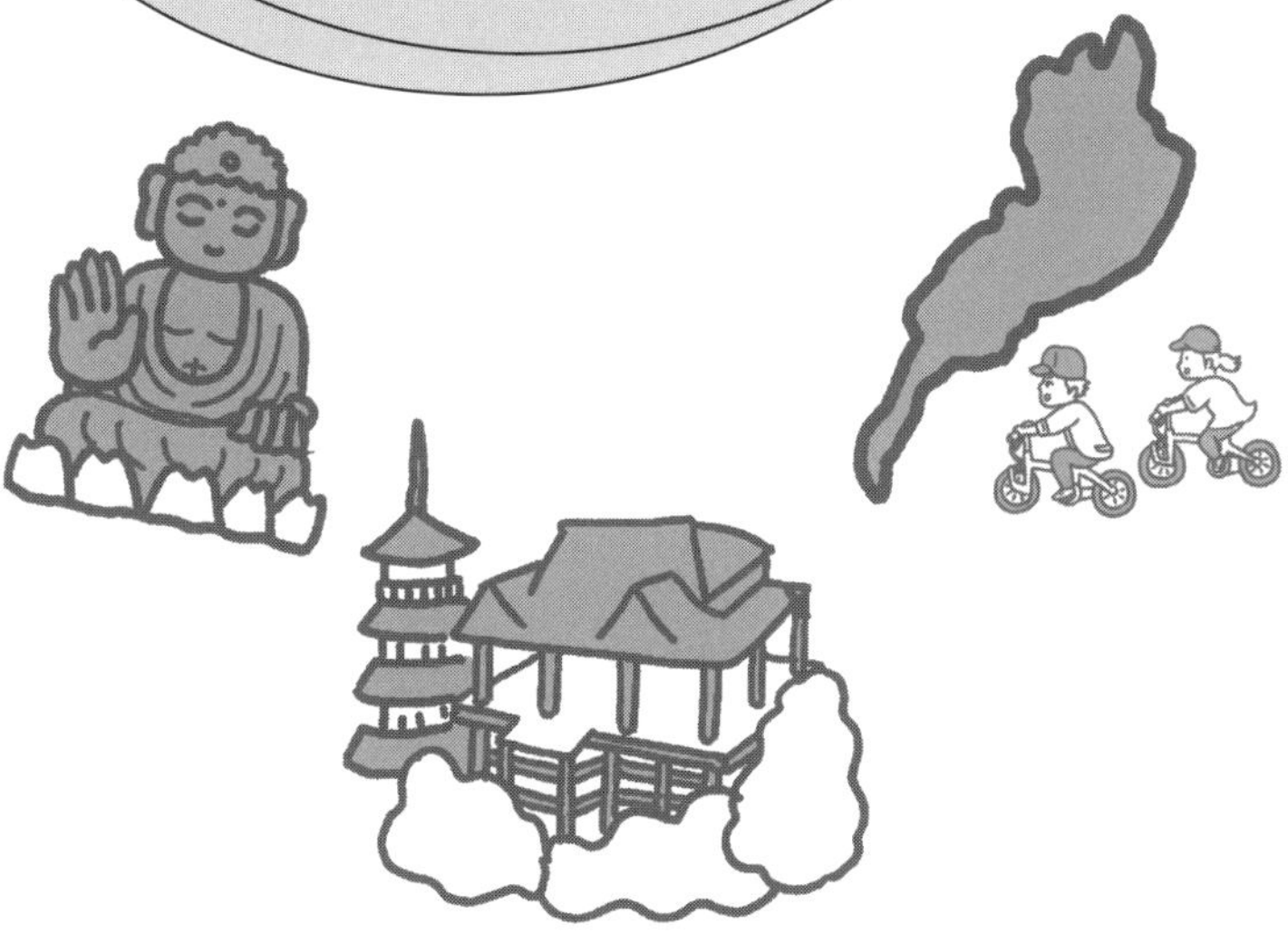

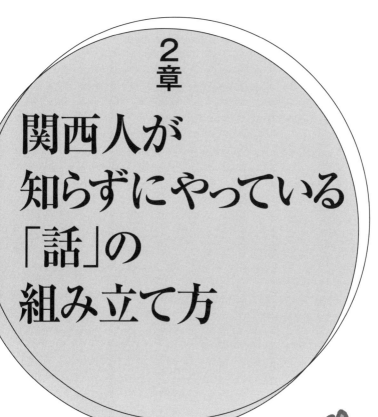

「最初のつかみ」で話の入りをスムーズに

自分（初対面の人と会うんやけど、緊張するなぁ、どないな人なんやろ。うわ〜、今日着てきた服、穴開いてるやん。どうしよ。気になってしょうがないな……）
相手「どうも」
自分「ああ!!　どうも！　初めまして」
相手「今日はよろしくお願いします」（ん？　服に穴開いてる？）
自分「あ、服の穴、気になりますよね。服には穴が開いてても、僕は穴がない人間なんで安心してくださいね」
相手（あ、気さくな人だ。話しやすそうでよかった）

話の入り方のポイント

- まずはユーモアで興味を引く
- 違和感を消して、警戒心をなくす
- アイテムをつかみに使うのも手

関西では、会話のつかみに笑い（ユーモア）を用いる

名刺などの小道具を使うのもアリ

ここ大事やで

「つかみはOK」は関西だけに限らず

「つかみ」とは、漫才でいう最初のひと笑い。人気芸人なら登場しただけで「待ってました」になりますが、無名の芸人の場合、これから始まる漫才(話)に興味を持ってもらえるかは、このつかみにかかってきます。通常の会話でも、話を聞いてもらうスタンスをつくるには、このつかみが大切です。関西の人は、**初対面、知人に限らず、会話の導入に何かひとつかみする必要がある**ことを生まれついて知っています。

また、つかみは話に興味を持ってもらえるのと同時に、相手の緊張を解く効果もあります。相手の警戒心をなくすには、笑わせることが一番です。

あと、最初のつかみには、「違和感を消す」という役割もあります。たとえば、場違いな服を着て人に会ってしまうときって、あるじゃないですか。フォーマルな場で服が少しラフすぎたりすると、相手のあなたに対する情報は服装が大きく占めてしまい、以後の会話が弾まなくなる可能性があります。そこで、あえて自分から最初に服装について触れておくと、その違和感がなくなります。笑いで「最悪や〜！場違いな服で来てもうた〜！」と違和感を解消してもいいですし、ストレートに「ラフな服装で来てしまいましたが、大丈夫ですか」と聞いてもいいでしょう。

このようにつかみは、会話の導入には欠かせないポイントなのです。関西ではよく、このつかみに笑い（ユーモア）を用いています。最初に、このひとつかみがあることで、次の会話にすんなりと入っていけるのです。

つかみは言葉だけではなく、小道具を使ってもＯＫです。ビジネスの場面だったら、名刺や名刺入れに工夫を加えるのもアリです。

僕の知り合いで、名刺に入れる自分の姓名の間に星マークを入れている人がいました。「つのだ☆ひろ」に憧れてましてとか、会話のきっかけにするわけです。これは一例ですが、ツッコミどころを敢えてつくっておけば、相手の気持ちをほぐすための仕掛けになります。

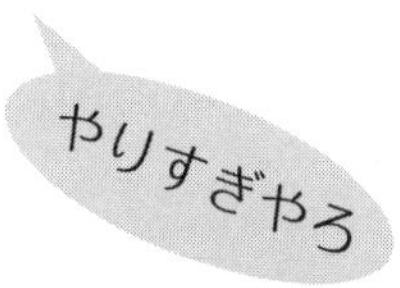

話の印象は「間」によって違ってくる

自分「今日は俺の奢《おご》りでいいよ」
彼女「ほんと？　ありがとう！　気前がいいね！」
自分「昨日、徳川埋蔵金掘り当てたからね」
彼女「え？」（一度で聞き取れず）
自分（ヤバッ、ボケが不発した）「じゃあ、店いこか！」
彼女「どこいくの？」
自分「結構、穴場の店で～」
彼女「へぇ～!!」
自分「知る人ぞ知る店で、名前が（間《ま》）松屋っていうお店やねん」
彼女「それチェーン店でしょ（笑）。誰でも知ってるよ！」
自分（今度は間をとってから言ったから伝わった～）

話を印象づけるポイント

- 間のとり方で、相手の反応が違ってくる
- 要点を強調したいときは、その前に間をとる
- 間の長さで、会話にメリハリをつける

伝えたい内容の前に「間」をとると、
うまくいくはず……

芸人が意識している「間」を会話に活用

間（ま）が悪い。運が悪いことや場違いなことを意味する言葉ですが、会話においては、発言のタイミングが悪いことを指します。どうも話が弾まない、会話が平凡に感じるのは、この「間」が原因になっているかもしれません。

普段、間を意識して会話を進めている人はまずいないでしょうが、その重要性を熟知しているのが芸人です。漫才で笑いをとるには、この間が大切なのです。間のとり方次第で、同じネタでもお客さんのウケ方がまったく違ってきます。芸人が意識している間のとり方を普段の会話に活かすことができれば、話の印象は格段にアップします。

漫才には「ボケるときは少し間をあける」というテクニックがあります。たとえば、「さっきからぼーっとして地蔵みたいやな」と言うのと、「さっきからぼーっとして……地蔵みたいやな」と言うのでは、聞こえ方が違います。**間をあけたあとの**

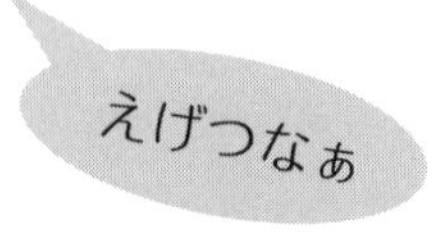

ここ大事やで

言葉が強調されるわけです。これはビジネスなどの場でも有効で、間をうまく活用することで、要点や伝えたい言葉を周囲にうまく印象づけることができます。

効果的な間のとり方のポイントは、伝えたい内容の前に間をとることです。「伝えたいことがあるんですよ、仕事辞めました」と言ったら、相手はあなたの言葉がすぐに咀嚼《そしゃく》できずに「はぁ？」となりがちですが、「伝えたいことがあるんですよ。じつは……仕事辞めました」となると、要点の前の間のおかげで、相手に次にどんな言葉が来るのかを想像する時間ができ、内容がきちんと伝わるようになります。

間の長さもポイントです。お笑いでは、お客さんが「このボケはここが変では？」と気づく一瞬前にツッコむことで、笑いにインパクトを生み出します。わかりやすいボケのときは間髪入れずにツッコミ、頭を使うひねったボケに対しては間をとってからツッコむテクニックを使っているのです。会議などで複雑な企画を発表したときは相手が理解する間を長くとって、場合によっては補足説明を追加します。反対に、シンプルな企画は間をとらず、テンポよく説明するようにします。

緩急をつけた話し方で聞かせ上手に

自分（スピーチ面白くないな、眠くなってきた）
相手「そういうわけでわがしゃのぎょうせきはみぎかたあがりで〜」
自分（単調でよく聞き取れないけど）
相手「ごしちょうありがとうございました」
自分（何を話していたか、まったく記憶にない）

相手（ふんふん、それで）
自分「この商品のポイントは、**このスイッチです**」
相手「おお、なんかスゴい！」

話を聞かせるポイント

- 一本調子でしゃべらない
- 話すスピードを変えて、相手の注意をこちらに向ける
- 速く話すのが苦手な人は、声のトーンを変える

話すテンポが速い
➡人の心に言葉が刺さりやすい

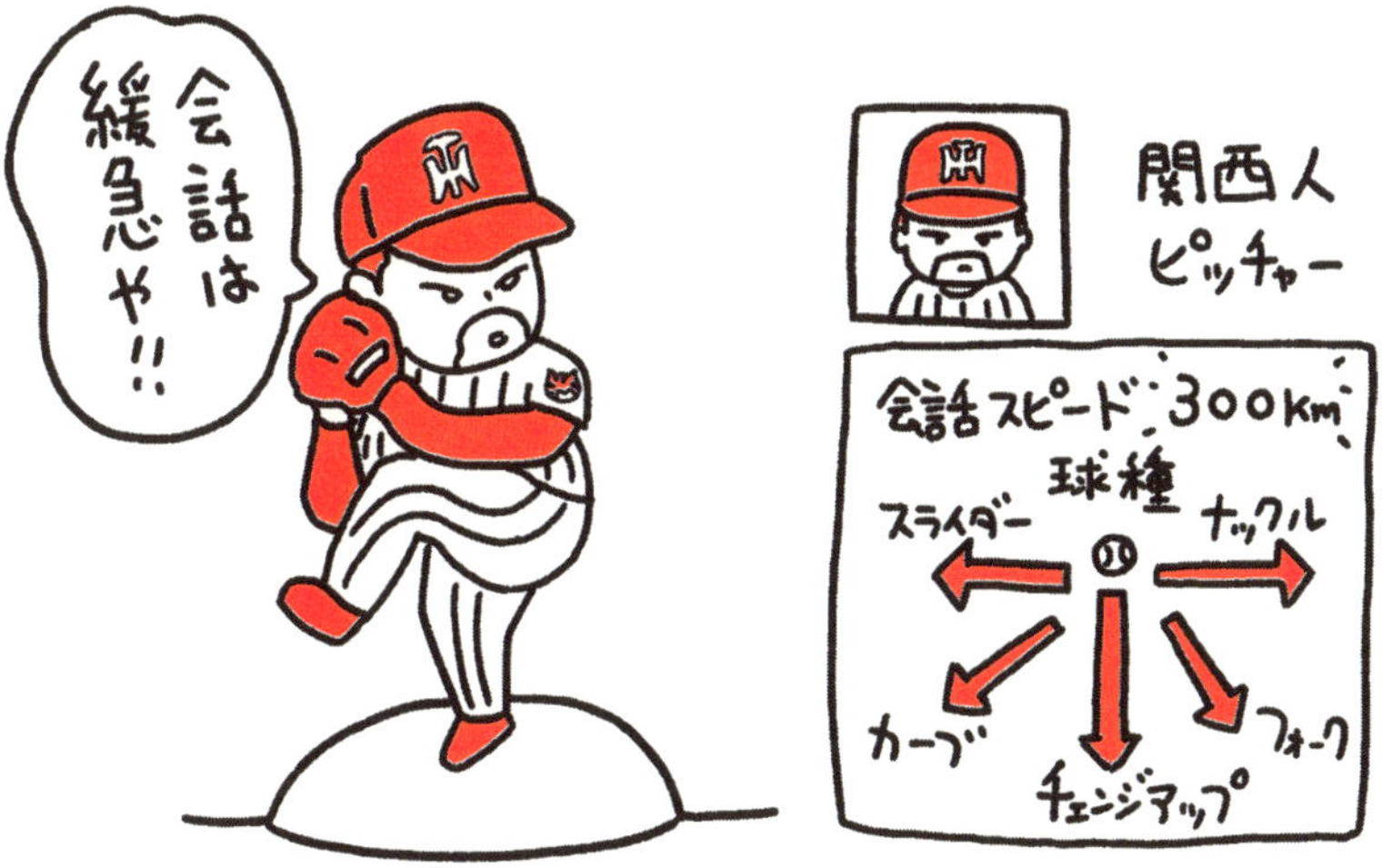

ゆっくりした話し方➡人の気持ちを和らげる

相手を注意したり、反対意見を言うときはゆっくり話すとよい

なんでやねん

最初はゆっくり、徐々に速く話す

関西に行くと、皆が早口だと感じたりしませんか？　街の至る所で、漫才師に似た話し口調ですらすらと会話する人たちを目にします。関西の人は、普段から話が長いとすぐに「はよしゃべれ」とツッコミが入る環境で育っているので、話したいことを言い切るために自ずとテンポが速くなっているのです、たぶん。

関西弁の会話は早口でも不思議と内容が耳に入ってきます。一本調子の話し方だと言葉はなかなか頭に入ってきませんが、関西弁は言葉に自然と緩急がつくようにできており（または進化し）、そのリズムも豊かです。会話を単調にさせないために、話すスピードに緩急をつけることが、知らず知らずに意識づけられているわけです。「違います。○○だと思います」と否定の言葉を挟む場合でも、「ちゃうで、○○やで」であればテンポもよく、次の会話にスムーズにつなぐことができます。

僕が芸人になったころ、「話し始めはゆっくりで、盛り上がってきたら速く」と教えられました。ゆっくりとした言葉は人の気持ちを和らげます。相手を注意したり、否定するときは、ゆっくり話すといいでしょう。反対にテンポが速い言葉は人の心に刺さりやすくなります。そのため、最初はゆっくりとした話し方で相手に聞いてもらう姿勢をつくり、話が要点に近づいてくると話し方を速くしていくわけです。ただ、あまりに早口になるとダイレクトに心に届く分、相手は情報過多になってしまい、話が結局は頭に入らないということになるので、速すぎは注意です。

では、早口が苦手という人はどうすればよいでしょうか。足の遅い人が速く走れないのと同じように、話すスピードも生まれついての限界があります。**速く話すのが苦手な人はスピードではなく、声の大きさにメリハリをつける**とよいでしょう。

お笑いでボケやツッコミをするとき、声の大きさに変化をつけたりしますが、それは言葉に意識を向けさせ、笑いを誘発しやすくするためです。会話においても、小さな声から大きな声にするだけで、相手はその言葉に注目してくれます。その緩急が、そのあとの会話を弾ませるきっかけとなります。

ここ大事やで

リアクション（合いの手）は話の潤滑油

自分「あ〜、しもたわ〜。今日ゴミ出す日やのに忘れてたわ」
友人「それ一番つらいやつやんか〜」
自分「お父さんも気づいてくれたらええのに！」
友人「わかるわ〜。ウチとこの旦那も一切なんも言わへん。我関せずや！」
自分「ゴミ袋にウチの旦那も入れて来週捨てといたろかな」
友人「（笑）いややわ〜！　また、おもろいこと言うて！　じゃあ、ついでにウチの旦那も一緒に入れて出しといてくれへん？」
自分「ええけど！　あんたとこの旦那大きいからシール貼って持ってきいや！」
友人「粗大ゴミちゃうねんから！（笑）」
自分（ノリのいい人やな、話していて気持ちいい）

聞き上手になるポイント

- 話の盛り上がりはリアクションが左右する
- よいリアクションにはユーモアがある
- 最後に「褒めの一言」を加えるとさらに効果的

リアクションがよいと会話は弾む

マジやで

聞き上手の第一歩は、効果的な合いの手から

有意義な会話をするには、なにも「話し上手」であることがすべてではありません。相手の話をいかに引き出すかも、重要なポイントになります。つまり、「聞き上手」であることが求められるのです、聞くテクニックの基本は、相手が気持ち良く話せる場をつくることです。それには聞き手の反応、リアクション（効果的な合いの手）が欠かせません。

リアクション芸というお笑いの手法があるように、リアクションは笑いを生む潤滑油です。関西人はそれを普段の会話でも活用しています。「ウチの旦那がまたパチンコに行って、困ったわ」「よかったわぁ～！ 自分とこの旦那じゃなくって～!!」というように、大げさなくらいのリアクションを返すと、相手は自分の話で盛り上がっていると思い、ますます会話のノリに拍車がかかります。話していてもつまらないと感じるときは、大抵は相手がノーリアクションのはず。関西の人は、

自分が話しているときは気持ち良く話したいという思いが強く、そのためには相手に気持ち良く話してもらうことが大事ということを知っているのです。このお互いの暗黙の了解が、ノリのよい会話を生むわけです。

会話のノリをよくするリアクションには、少しのユーモアが必要です。話の長い人に「話、長いですよ」と返すと角が立ちますが、「長いですよ、講演を聞きにきているかと思いましたわ」と切り返し、そこに笑いが生まれれば相手も悪い気はしないはずです。

また、**リアクションのそのあとに「褒めの一言」を加えると、さらに効果的**です。切り返しのあとすぐに別の話題に変えると、「自分の話は面白くなかったかな?」と思わせてしまう場合があります。そこで、「それ、最高ですね」など、リアクションのあとに一言伝えてから自分の話題に持っていくと、相手も話を聞いてもらえた充実感でそのあと気持ちよく聞き手に回ってくれます。もっともこのラリーのテクニックは、大阪のおばちゃんには通用しませんけど。

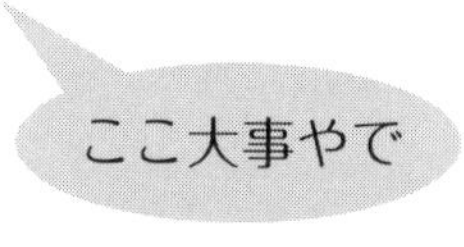

感情は共感を深めるスパイス

自分「宝くじで100万円当たった」
友人「ウソウソウソウソウソ！　マジで⁉」
自分「ウソやで」
友人「ウソかい！」

友人「彼氏に浮気されました」
自分「そうなの？　大変だね」
友人「もっと、親身になって聞いてくださいよ」
自分「私だったらそんな男、海の藻屑《もくず》にしてるけどね」
友人「さすがに、それはやりすぎです（笑）」

話に共感するポイント

- 言葉に感情を込めて、相手と気持ちを共有する
- 相手に共感する言葉を加えるとさらに効果的
- 表情や身振り手振りで感情表現するのもアリ

感情を込めた言葉・リアクション
➡話は自然に盛り上がる

ほんまな

関西弁は気持ち、感情を込めやすい言葉

話がつながらない、盛り上がらないという方は、一度、話し方が棒読み口調になっていないか、確認してみてください。日本人は感情表現が苦手といわれています。相手が目の前にいたら、自分を素直に表現しづらいという人も多いでしょう。

感情的に話すと言っても、役者のように演じるというわけではありません。特定の言葉に感情を込めるだけでも、印象はガラリと変わるはずです。僕は、関西弁は感情を込めやすい言葉だと思っています。一言一言に気持ちが込もれば、話は自然に盛り上がり、進むでしょう。「この間、ハイヒールで足を踏まれて」という会話に、単に「痛そうだね」と返すより、「わぁ、イタイイタイイタイ!!」と返したほうが、相手と気持ちが共有できた気がします。

たとえ面白くない話でも、感情を込めたリアクションをすれば、相手の満足度が違ってきます。その一言が、自分の話を親身になって聞いてくれていると思っても

らうサインになります。相手は気分が良くなり、ますます会話が弾んでいきます。

関西弁の相槌は、「どうして」が「なんでやねん」、「嘘でしょ」が「ほんまかいな」など、感情が込めやすい、または感情が入っているように聞こえるので、関西圏以外の方もここぞというときに使うと効果的です。

そのとき、**相手に共感する言葉を加えると、さらに相手は心を開いてくれる**はず。たとえば、「浮気されて落ち込んでます」には「大変ですね」ではなく、「自分だったらボコボコにしてるよ」と相手の気持ちを代弁する言葉をかければ、より心に響きます。

言葉に身振り手振りの仕草を加えるのもアリです。笑いながら手を叩いてリアクションをしたり、ツッコむときにどつくアクションをする芸人もいたりしますが、言葉だけではなく視覚にも訴えて感情を表現しているわけです。

ただし、大げさな感情表現は関西では日常ですが、あまりやりすぎるとただのお調子者に見られてしまいます。お気をつけください。

ここ大事やで

臨場感を演出するオノマトペは多めに

自分「この間、一緒に観た映画のタイトル覚えてる？」
友人「ああ、あの最初からドカーンとなった」
自分「そうそう、そのあと主人公がヒャーッてなって」
友人「それで、ミサイルがギュイーンと飛んできて」
自分「敵がグワングワンになって」
友人「そこに謎の怪人がボヨヨーンと出現して」
自分「そのあとチャッチャヤカチャヤチャヤって展開で」
友人「ラストはドンガラガッシャンってなったやつ」
自分・友人「タイトル、何だっけ？」

話に臨場感を加えるポイント

- 関西弁には擬音語や擬態語のオノマトペが多い
- 音で表現すると話にリアル感やユーモアが加わる
- 語感が豊かだと話も面白く聞こえる

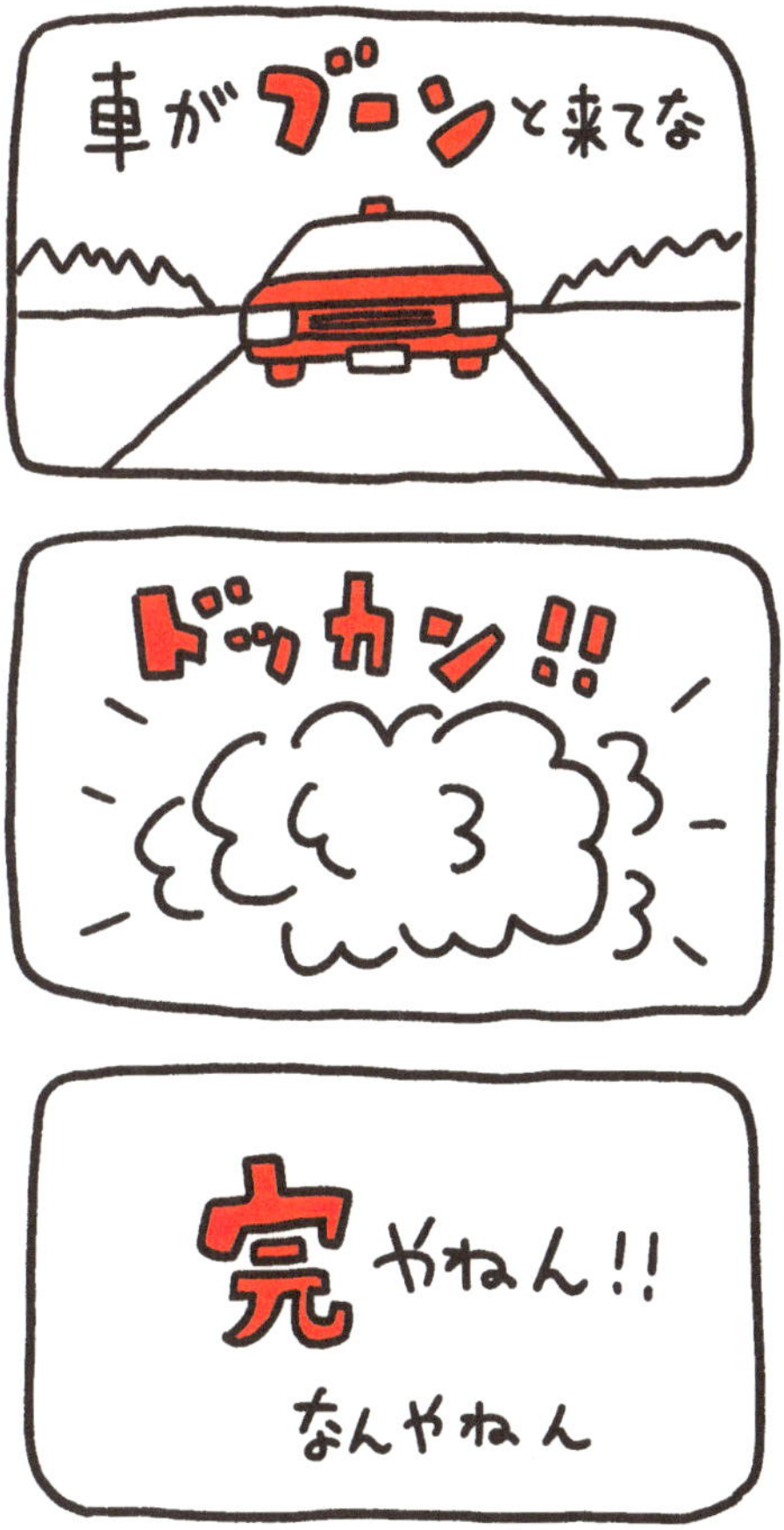

ボチボチ
ションボリ
ブーンと
ヒャーッ

オノマトペを効果的に会話に加えると、話の臨場感が増す

音で表現する言葉は会話をワクワクさせる

この道を真っ直ぐバババババって行くと、ドーンとデカいビルが出てくるから、そこを左にグインと曲がったらコンビニあるで——関西弁ではこのように動きを音で表現した言葉が、会話の随所で使われています。

「オノマトペ」という言葉の分類をご存知でしょうか。「雨がザーッと降る」「フンワリ香る」など、擬音語や擬態語の総称で、世界的に見ても日本語にはオノマトペが多いことが知られています。

とりわけ関西では、このオノマトペが会話に好んで使われており、他地域の人が聞いたら一見わけがわからない音の描写が、当たり前のように交わされています。「ボチボチいこか」や「もうションボリやわ」の表現もオノマトペの一種であり、動作や心情をこうした音で表現することは日常です。

擬音語や擬態語が会話に挟まれると、話の内容に臨場感が増します。「車がいき

知らんけど

なりやってきてね」より、「車がいきなりブーンとやってきてね」と言うほうが、

ここ大事やで

その場にいるかのようなリアル感があります。話を身近に感じるほど人は興味を持ち、会話に耳を傾けます。相手をより話に引き込むことができるのです。

そうは言っても、関西の人はそこまで理屈っぽく考えて会話をしているわけでもありません。「ほら、あのグワーンってなってるやつ」みたいに、いい意味での適当さが、会話をくどくなくしていると言えます。正確に情報が伝わらなくても、語感が楽しかったり、ユーモア（笑い）として成り立てば、それでよいという土壌があるからだと思います。わからない事や感情を適当に音で表現するのも、関西弁独特の会話術なのです。

会話に音の表現（オノマトペ）を盛り込むだけで、話にリアル感とユーモアが生まれ、相手は話に引き込まれ、会話の面白さが増します。ビジネスなどのフォーマルな場ではあまり適さないかもしれませんが、日常会話でほどほどに試してみてください。

オチを上手につくる関西人の方程式

相手「それで、オチは?」
自分「?」
相手「オチないんかい、しょうもな」
自分「話し終わりましたけど、オチってなんですか?」
相手「オチも知らんで、よう大阪に入れたな。パスポート持ってる?」
自分「大阪はパスポートいるのですか?」
相手「いるで、それにオチがないと罰金500万円や」
自分「大阪だけに、完済(関西)できそうにないです」
相手「オチとるやん」

話を上手に終わらせるポイント

- 話にオチがあると会話の満足感が上がる
- オチからフリを考えて、話を組み立てる
- 雑学や時事ネタを最後に加えても会話は締まる

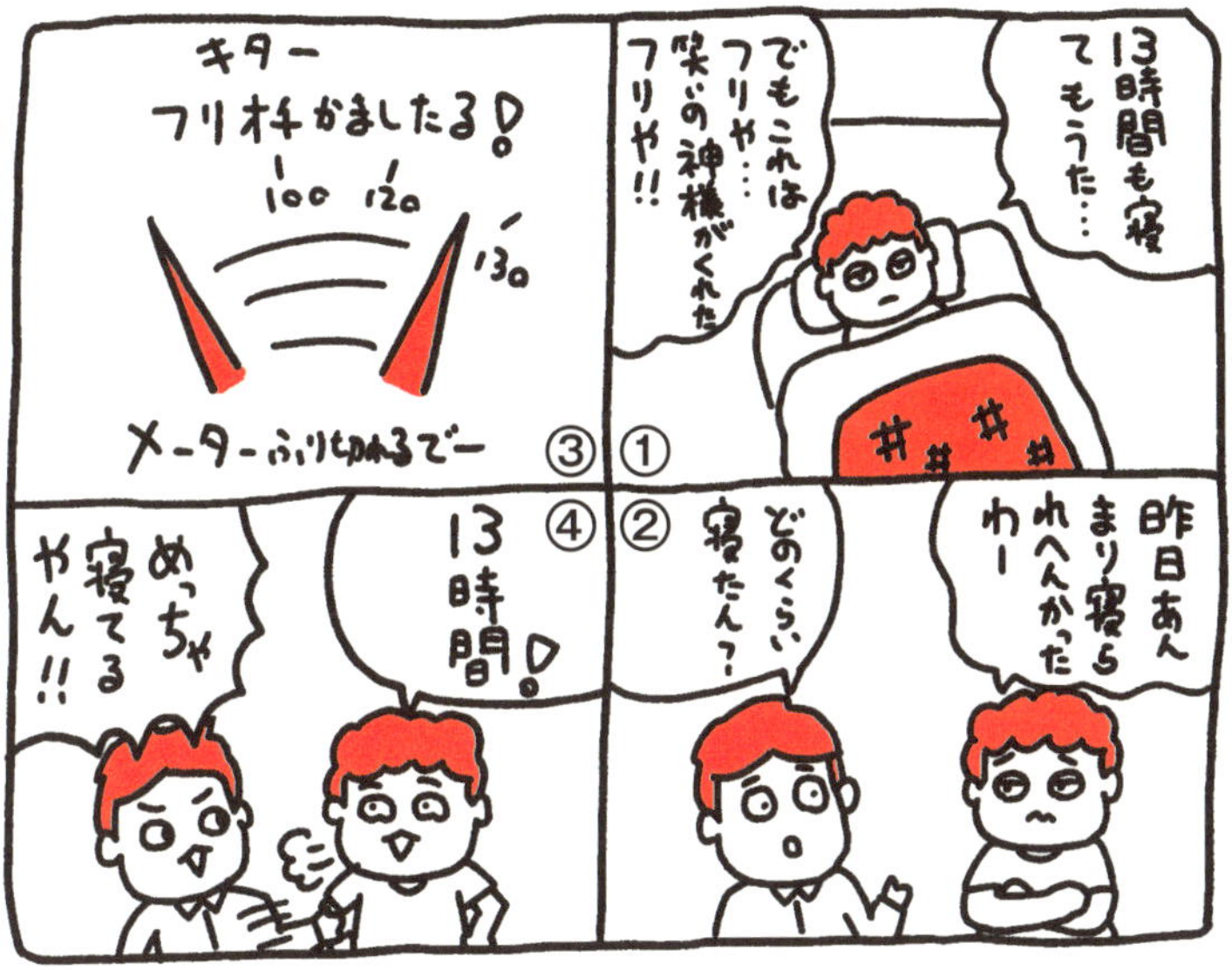

■フリオチの考え方

「13時間も寝てもうたな～」➡「13時間も寝たことをオチにしよう」➡「寝すぎたことの真逆でフリをつくろう」➡「昨日、あんまり寝られへんかってんな～とフリで言おう」

⬇

上記の例はベタすぎではあるが、フリとオチの意外性が大きいほど笑いや、話の満足感を際立たせる。テレビ番組などで芸人が何かにチャレンジして失敗する可能性があるときは、その「失敗」を面白くするために必ず「絶対、こんなの成功できるわ」と話をフル。この前フリがあるのとないのとでは、面白さに雲泥の差が生まれる。

それな

オチを際立たせるにはフリが重要

オチのない会話はただの独り言となる関西では、話にオチをつけるのが当たり前となっています。一般的にも、オチ（最後の締め）のない話はどこか物足りないと感じる人は多いことでしょう。

話には起承転結がありますが、オチは最後の「結」にあたります。納得することを「腑に落ちる」と言うように、結末を言うことで話は一段落しますが、単なる結論だけでは薄っぺらく退屈なものになりがちです。そこにひと味加えることで、話が上手にオチるのです。

漫才では「フリオチ」というテクニックがありますが、最初の話（フリ）を最後（オチ）で裏切ることを言います。相手に話の先を予想させ、それをひっくり返すことで笑いや驚きを生むのです。たとえば、「昨夜、一大事件があってね」とフルと、相手はどんな大変なことがあったのだろうと想像します。そこで「カレーを白い服に飛ばしちゃって」などと、しょーもない出来事を挙げてオトすわけです。関西では、「なんやそれ」と大体の人がオチにツッコミ、話が続いていきます。話の随所にオチを入れれば、オチ→ツッコミ→オチ→ツッコミと話が永遠に終わらない無限ループにはまります。

ここで皆さんお気づきのように、**スムーズに話をオトすためには、その前のフリが重要**になります。芸人は、よく**オチから逆算してフリを考えています。**オチ（事実）と真逆のことを最初のフリとすればいいのです。

慣れない間は、オチを意識して最初に話（フリ）を始めることはむずかしいと思います。でも、話の最後に加えるひと味（オチ）は、なにもユーモアだけではありません。個人的なエピソードのあとに、それに関連する雑学や時事ネタを加えたりしても、会話を一段落させることができます。タレントの伊集院光さんは、よく雑学を話のオチにつけたりします。伊集院さんの雑学オチは、とても勉強になるいい例です。

ここ大事やで

関西人が大切にしている会話のマナー

相手「沖縄行ってきました」
自分「石垣島とかにも行かれました？」
相手「そのあと、北海道にも行ってカニ食べてたんですよ」
自分（人の話を聞いてないな……）

相手（まだ続くのかな、何度も同じこと話しているけど……）

自分（しまった、さっきからずっと話しっぱなしだ）「ところで、さっき話した車、見たことあります？」

相手（こっちに話を振ってくれた。よかった、気配りできる人だ）

会話を楽しむポイント

- 独りよがりな話はしない
- ウィンウィンの関係で会話を盛り上げる
- その場にいる全員が会話を楽しむ気配りを忘れずに

会話の良いマナー ○

- 相手の話をじっくり聞く
- 精一杯のリアクション
- 話下手な人への気配りも忘れない

会話の悪いマナー ×

- 自分だけで話してしまう
- 相手の返しも無視
- 独りよがりの会話

けったいやな

会話を楽しむには最低限のマナーが必要

ところで皆さん、関西にどんなイメージを持っていますか？　大阪のイメージなら、面白い、食べ物がおいしい、そして怖そうじゃないでしょうか。たしかに、「なんでやねん」「ええ加減にせえ」など、漫才のツッコミでよく聞かれる乱暴な言葉は、日常でも普通に飛び交っています。そんな関西弁に慣れていないと、その人も怖いのでは、と思うのも仕方ないでしょう。

ところが関西（大阪）人は、言葉は乱暴に聞こえても、その人当たりはいたってフレンドリー。こと会話においては、いわゆるマナーが良い人が多いと言ってもいいと思います。それは、基本的に相手に気持ち良く話してもらうという、商業都市で成熟したサービス精神が根付いているからです。

関西では、独りよがりで話す人は嫌われます。よく、自分の話に熱中するあまり、相手の返しも無視して話し続ける人がいますが、そういう人との会話に楽しさはありません。会話を娯楽と考えている関西人気質とは、正反対なのです。

とことん相手の話を聞いてあげる。攻守が変わればとことん聞いてもらう。そのためには、お互いが相手の話をじっくり聞くという術が、子どものころから身についています。自分の言いたいことを言い、相手には精一杯リアクションを返して会話を盛り上げていくという、ウィンウィンの関係で会話を楽しむのが関西流の会話マナーです。もし話し下手の人がいたら、「ほんで君はどう思ってんの？」とその人に話題を振ってあげる気配りも忘れません。**その場にいる全員が会話を楽しむことが、本当の盛り上がりである**ことを知っているからです。

ただし、何度も言いますが、いわゆる「大阪のおばちゃん」は規格外です。良くも悪くもおばちゃんは、しゃべりが大好きな関西人の最終形態。自分の言いたいことだけを言い、なぜかその場をほっこりさせるという超・上級テクの持ち主だからマナーは不要なんです。おばちゃんと話すときは、話をどうやって奪い取るかのサバイバルだと思ったほうがいいでしょう（笑）。

ここ大事やで

「話の目線は下から」が結局は勝ち

相手「昨夜、夕食でA5ランクの牛肉食べたよ」
自分「いいなぁ、こっちは鯖缶でした」（この人、いつも自慢話ばかりで話していて楽しくないなぁ）

相手「最近、暑い日が続きますね」
自分（確かに暑いけど）
相手「一晩中、エアコンつけっぱなしで、電気代が心配で」
自分（電気代、いくらだっけ、ああ話が続かない、どうしよう……）
相手（反応悪くて話しづらい人やなぁ）

話の空気づくりのポイント

- 自慢より自虐。自虐は親近感を生む、なによりおいしいもの

- 自虐ネタでも「笑い」があれば OK
- 相手の話の横取りは NG。最後まで話は聞くこと

相手より下から目線で会話する

そこに笑いがあれば
OK ！

親近感は相手に好かれ、
会話の盛り上がりにつながる

ほんまな

親近感は「会話の盛り上がり」に通じる近道

いくら面白い話であっても、その内容が自慢話ばかりだと聞いていて楽しいものではありません。「面白いけど、この人苦手」と煙たがられてしまいます。話は聞いてもらえてナンボです。

会話でマウントをとりたがる人も近ごろでは多いですが、関西人は力のあるものより、ないもののほうが面白いということを知っています。「金持ち」トークより、「貧乏」トークのほうがウケるんです。自分を相手より下に置いていたほうが、おいしいのです。

人は自分より目上の人には緊張しますが、「仲間」と思われれば間にある垣根も取れ、話しやすい空気がつくれます。自慢は優越感を生むだけですが、自虐は親近感を生みます。親近感は相手に好かれることへの近道です。相手よりも下から目線で接することが、話しやすさ、会話の盛り上がりに通じていくのです。これは、なにも卑屈になれと言っているわけではありません。自虐ネタでも、そこに笑いがあれば、相手に親しみを与えます。

また、調子に乗って話しすぎたなと思う場合でも、気づいたらすぐに相手に話を振ればＯＫです。そして、全力で合いの手を入れます。あと、相手の話を取らないことも大切です。話の途中から割り込んで、「それ、私の話したかったことなのに」と思われたら最悪です。

最後に、話すリズムが合わない人への対処法を紹介します。話と話のタイミングが合わないと、会話もスムーズに進みません。たいていの人は話を聞きながらも、次にしゃべることを頭のどこかで探しているものです。そんなときでも、**相手の話にしっかりとリアクションさえとっていれば、会話がぎこちなくても話は前に進みます**。相手に話しやすい人と印象づけることができれば、次第に会話もスムーズになってくるはずです。相手にもっと話したいと思ってもらえるサービス精神を忘れないでいれば、どんなときでも大丈夫です。

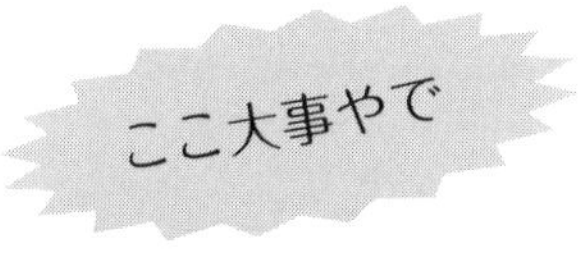

沈黙を生まない「会話の基本」

自分「最近、お仕事の調子どうですか?」
相手「え? まぁまぁですね」(話題が固くて話しにくいなぁ)
自分「そうですか」(やばい、固い会話になってしまった。そうや、会話のハードル下げよう)「そういえば暑いですよね。ここまで暑いとアイスクリーム食べたくないですか?」
相手「え? ああ〜、アイス食べたいです〜! 僕、ガリガリ君好きなんです」(どうでもいい話だと気を楽にして話せる)
自分「懐かしいな〜、子どものころ食べたきりやわ〜」
相手「ガリガリ君ナポリタン味ってあるんですけど、食べてください(笑)」
自分「いやや、絶対食べたない(笑)」

話を切らないポイント

- 最初の話題はハードルを下げたネタで
- 相手の話にはとことん乗る。
  少しの「極端なボケ」は正義
- 「キーワード」で話をつなげていく

話のちょい盛りも
面白ければ OK ！

ほんまか？

「そうですか」「なるほど」など言い切りは避ける

よく、会話はキャッチボールに例えられます。球をきちんと捕球して、相手の捕りやすい球を返す。会話も基本的に同じです。相手の話のポイントを理解して、それに応じた話を返す。簡単なようでなかなかむずかしく、会話が長続きせずにすぐに沈黙が生まれてしまうという人も多いのではないでしょうか。

会話が途切れたときの気まずい空気を回避したい！　そういうときに知っておきたいのが、次に挙げる「会話の基本」です。これを覚えておけば、沈黙は回避でき挽回可能です。

最初は、会話のハードルを下げるためにどうでもいいことを話すことです。「今日、暑いですね～！　アイスクリーム食べたくないですか～？」とか「さっき猫見たんですけど、可愛かったんですよ～」など中身のない（どうでもいい）話をします。すると、相手にも「この場はどうでもいい話もしていいんだ」と思わせることができて、会話が盛り上がっていきます。

反対に、「お仕事はどんな調子ですか？」「部活は何かやられていたのですか？」「出身はどちらですか？」など、中身のある話ばかりしようとするのは危険です。こんな面接で聞かれるような、意味がありそうな話ばかりすると、お互いに会話する意味がある話ばかりを選ばないといけなくなります。それは会話のハードルを上げてしまっていることになり、肩肘張った会話にしかなりません。つまりお互いに、**答えの必要のない、どうでもいいことが言えるようになることが、会話を盛り上げる鉄則**なのです。

次に、相手の話に「そうですか」と言い切らないことです。話はそこで終わってしまいます。「そうですか、じつは私も～」と嘘でもいいから続ければ、相手の話題がさらに広がるきっかけになります。相手の話にとことん乗ることは、話を盛り上げる基本です。「昨日観た映画、すごくよかった」に「主演の女優さんがいいんだって？」と返せば、映画の話でさらに話題が続きます。

さらに、「面白そうだね～！　明日にでも観に行こうかな」と「共感＋行動」で伝えれば、相手の気持ちも良くなります。人を喜ばせたいときは「行動（どう行動したいと思ったか）」までしっかりと伝えましょう。

余談ですが、僕はお菓子をもらったら「おいしい～！　このお菓子おいしいから、ちょっとずつ大切に食べていくわ」と、「感想＋行動」で相手を喜ばせるようにしています。ぜひ、やってみてください。

「つなぐ」意識を持ってラリーを楽しむ

ノリのよい表現は会話の盛り上げには欠かせません。話が今ひとつ盛り上がってないと感じるときは、話を極端にするのもアリです。悪意のない「極端なボケ」は正義です。家を紹介するとき、「ウチの家、広いよ。門から玄関まで3日かかるから」と極端な言い回しをしても、ユーモアがあれば関西では許されます。

あと、「キーワード」で話をつなげるテクニックも効果的です。「電車の中でこんなことがあってね」の話には、「電車といえば～」とキーワードをつないで会話をすることは鉄則です。しかし、電車だけでなく「乗り物で言うと～この前～私は飛行機に乗って～」というように、**「乗り物」という大きなカテゴリーで考えて、別のキーワード（乗り物）で話をつなげる**のもアリです。

似たようなテクニックですが、「相手の話にテーマをつけてつなぐ」というやり方もあります。相手が「電車の中で転んだ」と言ったら、これは悲しい話や恥ずかしい話がテーマだとわかりますよね。なので、「悲しいことで言うと～」や「恥ずかしいことで言うと～」と話をつなげていくわけです。

このように話をつなぐ意識を持つようになると、会話のラリーが楽しくなってきます。

関西あるある

関東より関西のほうが良い！という理由

地方出身者で「関西」と「東京」を経験している友だちは、決まって関西のほうが良いと言います。その理由の多くは、良い意味で関西人は気を遣ってこないからだそうです。

たとえば、関西推しの一人の女性は身長が低い子なのですが、「関西では背が低いことをいじってもらえた」と嬉しそうに言っていました。東京ではいじってもらうために自虐しても、気を遣われるだけらしいのです。だから、関西のほうがありのままの自分を受け入れてもらえている気がして自分に合っていると、言っていました。

たしかに、人の短所をいじることは危険な行為かもしれませんが、人によっては受け入れてもらったと感じる人もいるということを、忘れてはいけない気がします。

ただし、人をいじるのであれば、「その人がどんなことを言われたら傷つくか」までを理解してからにしないといけません。間違ったいじりは人間関係を壊しますが、正しいいじりはコミュニケーションの潤滑油になる場合もあるのです。ちなみに僕は、関西よりも関東に住みたい人間です。理由は、関西人にはデリカシーがないからです（笑）。

3章

「会話を進める」キャラとシチュエーションづくり

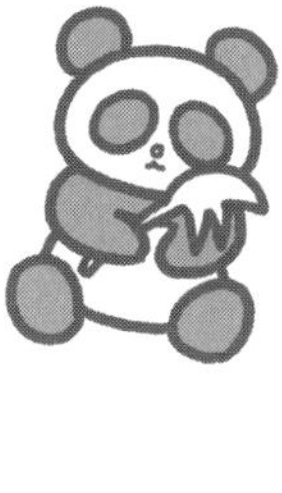

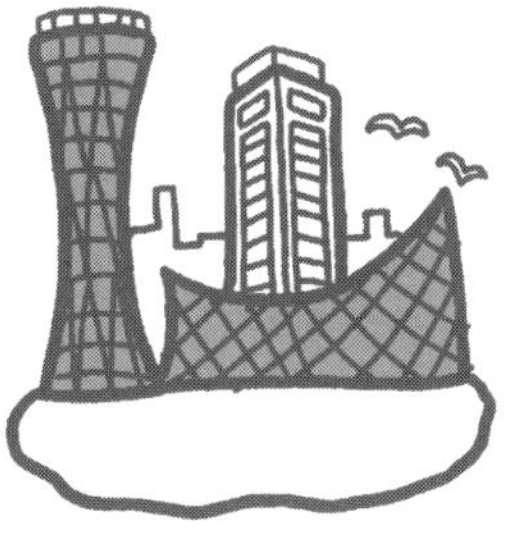

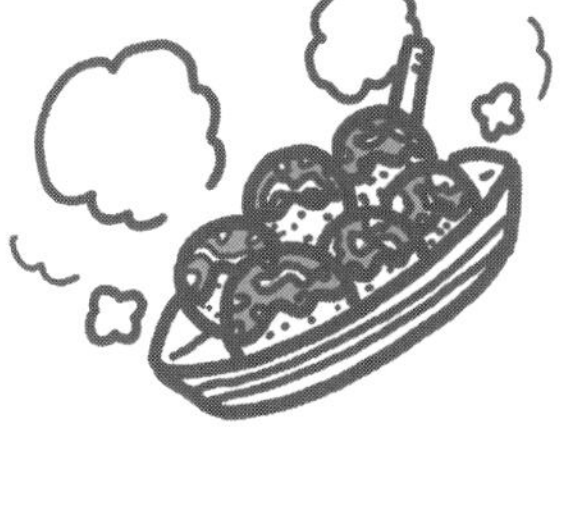

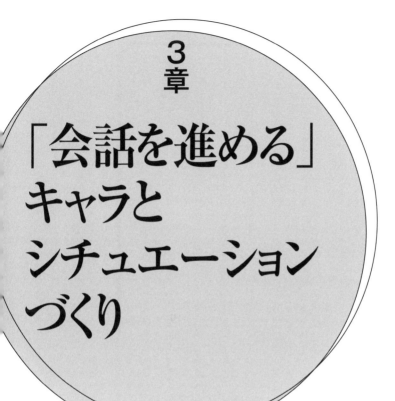

会話は「ボケ」と「ツッコミ」で成立している？

自分「久しぶりやな、なんか自分顔色悪いで！　大丈夫か？」
相手「え、ほんま？　まぁ、顔色は悪くても顔は良いから大丈夫や」
自分「自分で言うなや。ちょっとほんまに顔色悪いな〜。まっ青やで」
相手「そんなか？　そんな青に見えるんやったら、道路脇で立って車を進めたり止めたりしてみよかな」
自分「それ信号機や！　そこまでの青色ちゃうねん」
相手「そうなん？　じゃあ俺の顔色はどんな青色？　スカイブルー？　コバルトブルー？」
自分「違うわ。顔色悪いときはそんなオシャレな青色ちゃうねん」

ボケとツッコミの会話のポイント

- ボケは「無責任」、ツッコミは「責任感」
- 会話の受け手に回る人が「ツッコミ」で、発言により会話を活性化させる人が「ボケ」
- ボケとツッコミだからといって面白くする必要はない

会話は発信（ボケ）と受け手（ツッコミ）の繰り返しで成り立つ。面白くする必要はないので、自分の気質をちょっと考えて会話に活かすとよい。

ボケとツッコミで、会話のキャッチボール

関西ではよく、ボケとツッコミが必須みたいに思われがちですが、実際に関西での会話は、ほぼボケとツッコミで成り立っていると言ってもいいでしょう。このボケとツッコミのやりとりが習得できれば、会話は自然に進んでいきます。

関西では、テレビで『吉本新喜劇』が流れているので、それを真似してボケたりすると友だちがツッコんでくれたり、大阪のおばちゃんがボケてくるのでツッコむ経験をしたりと、このボケとツッコミのやりとりがとても身近です。でも、それ以外の地域だと、ボケとツッコミが日常会話に挟まれると違和感があるかもしれません。ただ、自分がツッコミ気質なのか、ボケ気質なのか、または話し相手はどちらなのかを知っておくだけでも話はスムーズに進みます。

その気質を知るポイントは、ボケは無責任な人（ハートが強い）、ツッコミは責任感の強い人に分けられると思います。

ここ大事やで

芸人のボケ担当はスベったとしても、「知らんわ」みたいにしていられる無責任さが強い傾向にあります。それに対して、このままやったらマズイ、この空気をなんとかしようとする責任感の強い人がツッコミ担当です。

また、ツッコミは常識、ボケは非常識という側面があります。この基本を踏まえると、**ツッコミ気質の人は会話の受け手に回ったほうがよく、ボケ気質の人はとにかく発言して会話を活性化させる**ほうがいいということになります。ボケとツッコミだからといって面白くする必要はありません。会話をする際、自分の気質をちょっと考えて、活かしてみてください。

ただ、ツッコミ・ボケともに常識は必要です。ボケというのは単純に非常識なことをすればいいというわけではなく、非常識の中でも許される非常識を選択しなければなりません。たとえば僕が、初対面のときに相手の頭をいきなり叩いたとしたら笑えないでしょう。「おはよう！」と肩を組んだりしたら、（同性に限りますが）それは笑えるみたいな常識の物差しが必要になります。

「キャラ」を知れば、会話は自然に進む

A「夏休み、どこに遊びにいった？」（ツッコミ）
B「けっこうありきたりやけど、宇宙旅行」（ボケ）
A「どこが平凡やねん。おまえは前澤社長の子どもか！」（ツッコミ）
C「俺はどこ行ったと思う～？」（いじられ）
A「めんどくさいからお前はええわ。Dちゃんはどこいった？」（ツッコミ）
C「ちょっと！　俺がどこ行ったか興味もってや!!」（いじられ）
D「あの～、わたしは～猫カフェに行きました～」（癒し）
A「いいね！　猫ってかわいいもんね～。Eちゃんは？」（ツッコミ）
E「（いじられに）わかった！　ディズニーランドに行ったんでしょ!?」（天然）
C「え？　いや違うけど……」（いじられ）
A「いや、Cのクイズいつまでやってんねん！」（ツッコミ）

会話の役割のポイント

- 会話において必要な役割は、大きく5つのキャラに分けられる
- 一人で複数のキャラをこなす人もいる
- キャラに見合った会話を心がければスムーズに進む

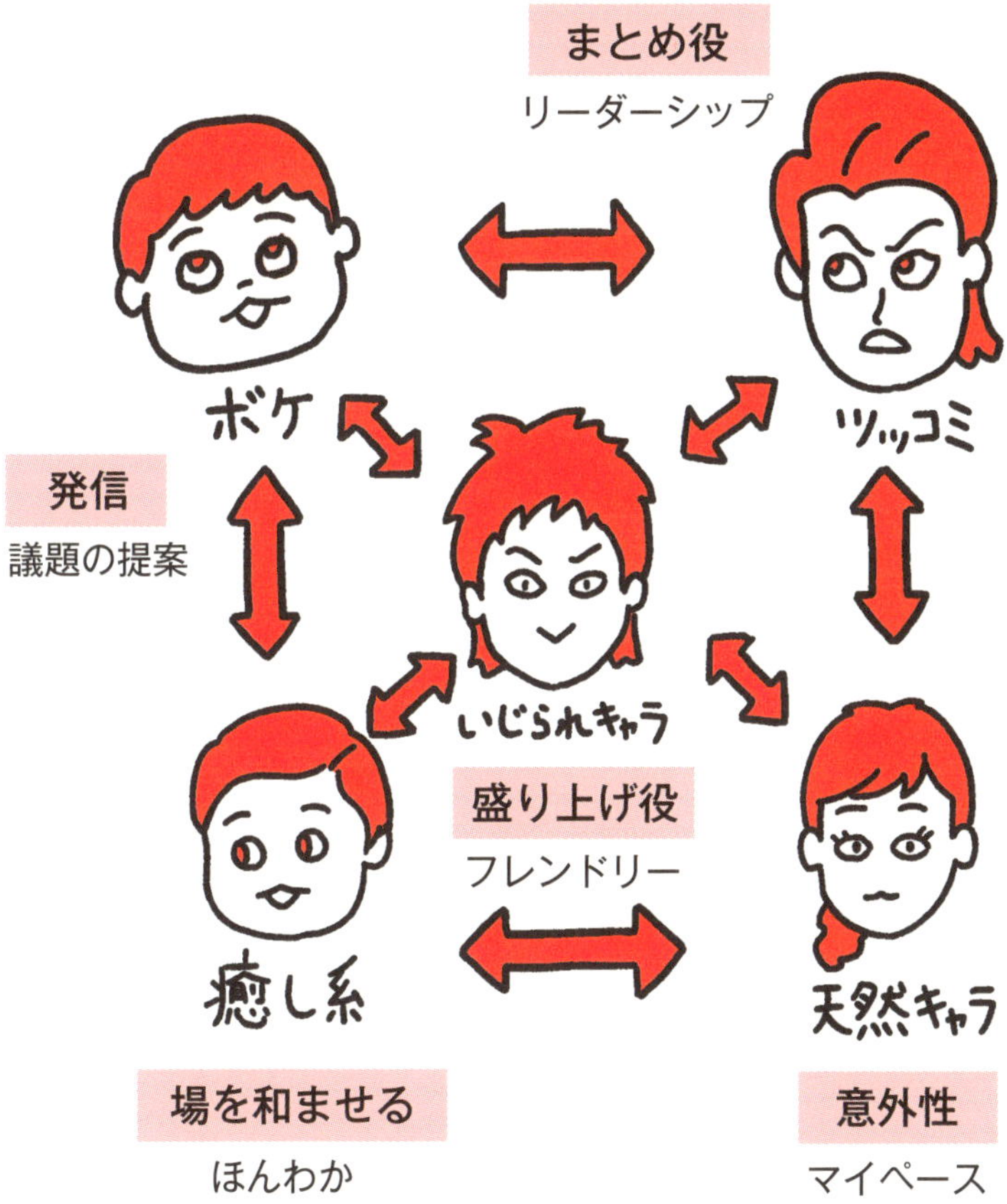

マジやで

その場にいる人のキャラを把握、意識する

前項目で述べたように、関西弁の会話はボケとツッコミで基本成り立っていますが、会話において必要な役割で考えると、大きく5つのキャラに分けられます。これは、自分がお笑い芸人時代の経験に基づいて気づいたことです。

その5つを紹介すると、まず行動力があって仕切りたがりの人は「ツッコミ」キャラ。自己主張が強く、意見をはっきり言う人は「ボケ」キャラ。愛嬌があって親近感を覚える人は「いじられ」キャラ。性格が穏やかで話し方がマイペース、そして聞き上手な「癒し」キャラ。自由奔放な性格で、素っ頓狂な発言が多いのは「天然」キャラといった具合です。

知っている芸人をこれに当てはめてみると、あの人はこのキャラかなと、思い当たったりするのではないでしょうか。このキャラによる会話の役割を意識して、普段の会話でそれぞれの人を観察してみてください。大抵の人がこの5つのキャラの

どれかに当てはまると思います。

それぞれのキャラは、会話の場において次のような役割を果たします。ツッコミキャラはリーダーシップをとって会話をまとめる、いわゆるＭＣです。ボケキャラはとにかく発言して、何かを提案します。いじられキャラは、フレンドリーな性格を活かして会話をつなぎ、その場を盛り上げる役です。癒しキャラは、会話が止まったときや、議題が暗礁に乗り上げそうなときにほんわかした発言でその場を和ませます。天然キャラは、予想外の発言で議論にインパクトを与える要員と言えます。

なかには、一人で複数のキャラを兼ね備えて発言できる人もいます。ボケ＋ツッコミ、癒し＋ツッコミ、いじられ＋ボケ、癒し＋天然、はたまた3キャラ以上兼ね備えたマルチタイプなどいろいろありますが、**話し相手のキャラをこの5つに分けて考えると、自分がどの役割をしてその場の会話を進めていく**のがベターなのかがわかります。自分や相手がどのキャラなのかを知って、役割を意識した会話を心がけてみてください。会話の進め方が今まで以上にスムーズになるはずです。

「キャラ」を見極めて、会話の流れを予測

A「今日の懇親会、楽しくやりましょう！」（ツッコミ）
B「Aさん～!! C君が乾杯の音頭とりたいらしいです～」（ボケ）
C「無茶振りやめろや！　言ってないです！」（いじられ）
A「ほな！　C、頼むわな!!」（ツッコミ）
C「最悪や……。では、これからの我が社の成功を願って、失敗～!!　いや失敗したらあかんがな、正しくは乾杯～!!」（いじられ）

A「C君は3か月減給しときますね～！」（ツッコミ）
C「だからやりたなかってん。いまのキツかった？」（いじられ）
D「ううん。無茶振りだから～気にしなくていいんじゃないかな～」（癒し）
E「さっきのボケ面白くなかったからって減給はひどいと思います！」（天然）
A「え？　冗談やから。ほんまに減給するわけじゃないのよ」（ツッコミ）
C「つまらなかったってしっかり言われた！　流れ弾やんけ」（いじられ）

5つのキャラのポイント

- 「ツッコミ」キャラは会話をコントロールする
- 「ボケ」キャラは会話を活性化させる
- 「いじられ」キャラは会話の潤滑油
- 「癒し」キャラはその場を和ませる
- 「天然」キャラは予測不可能だが、思わぬ効果も

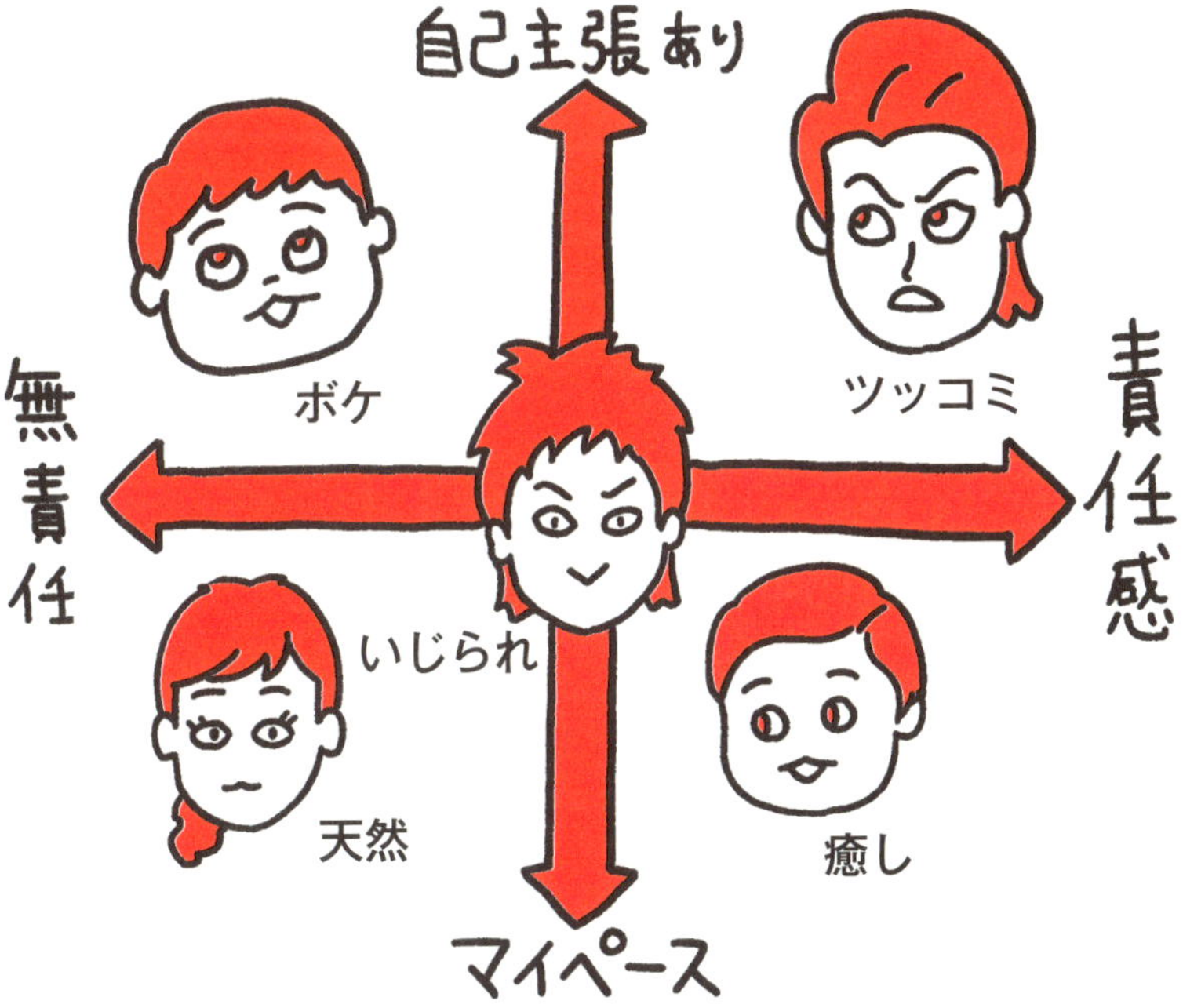

相手の発言やその場における役割を
じっくり観察して、キャラを見極める

けったいやな

相手の発言、会話における役割を観察

ここでは、会話における5つのキャラの役割をもっと詳しく説明します。

ツッコミキャラは、広い視野で場の空気を読んで会話の流れをコントロールできる人と言えます。最初に議題を提案したり、脱線した話を戻したり、無口な人がいれば話題を振ったりする、会話のリーダーです。ツッコミキャラが一人いれば会話が滞ることはないでしょう。

ボケキャラは議題に対して何か意見があったり、または自分の主張があって発言する人です。その発言がその議題に賛成か反対かにかかわらず、会話の活性化に欠かせないのがこのキャラです。基本、ツッコミとボケのキャラがいれば最低限の会話は成立します。

いじられキャラは、積極的に発言はしないけれど、親しみを覚える発言内容や振る舞いで会話の潤滑油となるキャラで、フレンドリーで接しやすい性格の人に多い

と言えます。会話が滞ったり、ぎこちないときは、このキャラに発言を振ってあげれば話に弾みがつくでしょう。

癒しキャラは、ゆっくりとやさしく話す人に多く見られます。マイペースな一面もあり、会話を進める発言はあまりしませんが、その場を和ませることができるので、緊迫しがちな会話や議題のときは必要な人材と言えます。相談事をするにもいい相手で、聞き上手でもあります。

天然タイプは、芸人の間では無邪気ボケと言われるように、よく言えば天真爛漫、悪く言えば深く考えることなく発言する（できる）人です。誰も予測していない突拍子もないことをポロリと言いますが、予測できないからこそ、ときに会話を思いもよらない方向に向かわせたり、想像もしていなかった結論を導くときもあります。

関西の会話では、この5つのキャラをわりと見極めやすいのですが、関西以外の地域だと見極めに時間がかかる場合もあります。まずは、**相手の発言やその場における役割をじっくり観察する**ことです。

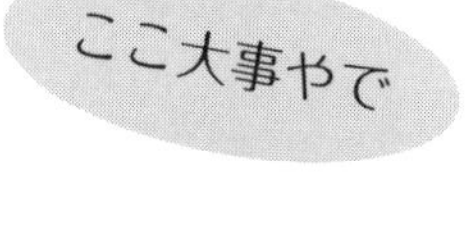

実際の会話では「キャラ」の演じ分けは必須

相手「あの人の髪型めっちゃかっこええなぁ」
自分「どこがやねん！　髪型、盆栽みたいになってるやん」
相手「盆栽ってお前たとえが古いねん。感性老人か！」
自分（あ、ツッコミにツッコミされた。ツッコミ同士や）「せや、寿司食いにいかへん？」
相手「どうせ、回ってるやつやろ」
自分「回らんやつ行ってもええけど、俺らの首も回らんくなるで」
相手「うまいこと言わんでええねん」（コイツ、ボケにまわったな）

会話を進めるポイント

- 相手に合わせて自分のキャラを変えて
  会話を成立させる
- 最低2つのキャラを演じられるとOK
- 上級者は同じキャラを被せて
  会話を成立させる

相手、状況に合わせてキャラを変える

会話におけるキャラの解説をしましたが、当たり前のことですが、実際の会話でこのキャラがきれいにばらけることはまずありません。２人の会話の場合で考えても、ツッコミとツッコミ、ボケとボケという組み合わせは十分にありえ、３人以上の会話でも、ボケ３人、癒し２人＋いじられ２人、最悪、天然５人なんてどう考えても話が進展しない組み合わせもあったりするかもしれません。

実践的な会話で大事なのは、このキャラの特徴を利用して、自分のキャラを臨機応変に変えていくことなのです。**相手のキャラを見極め、それに対応した受け答えをしていく**わけです。ツッコミ同士で、どちらも会話を仕切りがちな話の流れになっていると思ったら、意見を提案するボケ側に回ります。いじられキャラが多い場合はツッコミにキャラ変して、話を回していくようにします。こうして、相手に応じてキャラを変えることで、スムーズで噛み合った会話を成立させていきます。

なんでやねん

関西のおしゃべり上級者になると、キャラの相性を無視して、「俺のオカン裸族やねん」に「知ってる、知ってる！　だから参観日の日、お前のオカン服着てるの見てビックリしたもん」とボケにボケを被せたり、「おまえ、俺の話ちゃんと聞かんかい！」に「誰が『お前のただの犬大好きエピソード』を本気で聞くねん！」などとツッコミにツッコミを被せる強者もいます。天然キャラ同士といった、救いようのない組み合わせも、「私、カッパ見たよ」に「わかる、絶対カッパいるよ」と、異次元なノリが展開されたりして、それはそれで会話は成立しますが、通常の人は各キャラの相性に合わせて、キャラ変したほうが無難です。

面白いのは、ある程度の人数がいる場合は、キャラの「イス取りゲーム」状態になることです。ポジションは先に取ったものや能力が高いもの勝ちで、それにあぶれた人が、別のキャラを演じるなんてケースもしばしばあります。二役くらいできるようになると会話において困ることはないと思います。自分の気質に合ったキャラ磨き&キャラ変の練習を普段の会話からしていきましょう。

「愛されキャラ」を目指せば無敵

自分「お、奇遇やな！　こんなところでたまたま会うなんて」
相手「おお、先輩！　これは運命ですね！」
自分「気持ち悪いこと言うな（笑）。いまからランチ行こうか？」
相手「最高じゃないっすか。行きましょ！」
自分「佐々木も呼んでええか？」
相手「あの人苦手なんで、来るんやったらやめときますわ」
自分「正直なやっちゃな～」
相手「自分に素直なんで！　先輩は好きですけどね～」
自分「お前、奢《おご》ってもらおうとしてるやろ」
相手「バレました？」
自分「ほな、行こか～」（可愛いやっちゃな～）

無敵の会話になるポイント

- 話すと楽しい、なぜかなんでも許される、お得なキャラ
- 愛されキャラの完成形は「関西のおばちゃん」!?
- 愛されキャラの変異体は「破天荒キャラ」

ほんまそう

楽しい会話にはいつも〝あいつ〟がいる

会話における5つのキャラとは別に「愛される人」がいます。会話のノリは話し相手によって左右されるので、誰もが話しづらい人とは積極的に絡みたくはないと思います。その点、相手の話に絶妙なリアクション（合いの手）ができたり、言葉に感情を入れて話せる人、少しのことでも人を褒める人などは誰からも好かれます。**「あいつと話すと楽しいなぁ」「あいつやったら、なんか許してしまうわ」と相手に思わせることが、会話の終着点、目標**だと僕は思っています。

この「愛されキャラ」は比較的、肯定しながら会話を進めるので、相手は安心感を持って話を続けられます。また嫌いなものは嫌いとはっきり言い、苦手なことや失敗も隠しません。素直な性格は相手に安心感を与えます。なぜなら、人はわからないものには恐怖を感じる生き物だからです。つまり、性格がつかめない人には安心感が伴わないわけです。反対に、この人は「こういうやつだ」とわかりやすくすることが、相手に人物像が明確に伝わり、信用や安心につながっていきます。あとは「間《ま》」を大切にして、時折相手にツッコめば無敵です。

異論反論はあると思いますが、その愛されキャラの完成形と言ってもいいのが、「関西のおばちゃん」です。自分勝手、人の話を聞かない、面倒くさいと、三拍子が揃っているように思えるおばちゃんですが、慣れてくると何とも言えない不思議な魅力を感じるようになります。気づけば、なぜか話に付き合ってしまっているその魔力は、関西の七不思議です。

また、この愛されキャラのなかで、さらに破天荒キャラと言われる人がいます。目上の人だろうと、誰に何を言っても許されるキャラ。よく会社の忘年会で「今日は無礼講」と言われ、はっちゃけた挙句に会社に居づらくなる人がいますが、このキャラはそれさえも許されたりします。ただ、誰に対しても自由に振る舞えるのは、普段からの気配りがあってこそのもの。どんな人にも礼儀を忘れないことが、人間関係には欠かせない要素です。

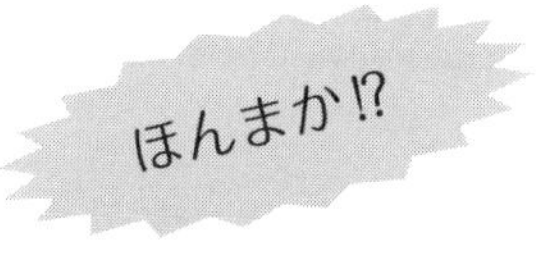

会話の主役になる「空気感」をつくる

相手「俺の地元の斎藤くんってワルがいるんだけど、バイク盗まれたらしいんだよね～」
一同「へえー」（その人のこと知らないからつまんないな～）
自分「そういえば、ここの店員さんさっきタメ口だったよね。ビビらなかった？」
一同「わかる～！」
相手「というか、この店安いから店員も変な人が多いのかもな～。俺が前行った高級料理店ではこんなことなかったぜ！」
一同「へえー」（自慢か～）
自分「俺、今月1万円で生活しないといけないから、しばらくタメ口の店員さんの店しか行けなさそうだな～」
一同「笑」（楽しい～）

話の注目を集めるポイント

- 会話を楽しむ空気感をつくることが大切
- そのグループでの「面白い」は何かを探っていく
- 独りよがり、内輪ウケの話にならないように注意

話が面白いラインはグループで違ってくる

↓

観察してウケる空気感をつくる

面白い基準は、その場によってさまざま

会話において、人の目を引きつけるにはどうしたらいいでしょうか。確かに巧みな話し方ができれば、人の注目を集めることはできます。2章で説明したように、関西の人は知らず知らずにこのテクニックを身につけていたりします。ただし、会話で人を楽しませる術は、そればかりではないのです。会話を楽しむ雰囲気、空気感をつくることが、じつは大切だったりします。

「話」はいつも、同じ共通点を持つ人、同じ立場の人たちとするものではありません。どんなに面白いエピソードでも、それにまつわる事情を知る友人とそうでない人では、ウケ方は違ってくるのと同じです。プロの芸人の多くが口を揃えて言うのは、トーク番組でも「こんな話をしていこう」とあらかじめ決めたものよりも、その場の空気や流れを感じながら考えたトークのほうがウケやすいということです。

「話が面白い」という印象はその場での多数決です。面白いに正解や基準はなく、

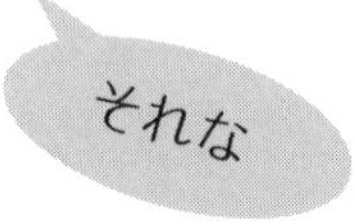

ここ大事やで

その場にいる人の受け止め方で変わります。このグループでの「面白い」はなんなのか？　その基準を探っていくことが、自分の話に注目してもらう秘訣なのです。**話を聞いてもらうには、この周りを巻き込む「空気づくり」が必要**です。それには、その場の人たちが知っていると思われる話や興味を持ちそうな話題をチョイスして、身内ウケにならないようにすることです。また、できるだけ自分一人で話を完結しないことが大事になります。周囲と会話を交わしながら、場のテンポに合わせて話を進めましょう。話のテンポが周りと合ってくると、話を聞いている側に気が合う人と思ってもらえます。すると、お互いの会話に安心感が生まれます。

あと関西の人は、自分を高めて話を組み立てて行くより、自分を下げて親近感を持ってもらったほうが、話しやすい空気をつくれることを知っています。高い店で食事することを自慢するより、安くておいしい店を知っているほうが自慢になる文化なのです。マウントのとりあいになる会話はＮＧです。見栄は反感を買い、その場の雰囲気を悪くします。

「場」と「会話」のギャップで距離を縮める

部下「はじめまして課長！　伊藤信太郎と言います」
課長「ああ、よろしくなぁ。なんや賢そうな顔してんな」
部下「いえいえ！　そんなことないです！　成績も下の下だったので、ゲノ
　ゲノ信太郎って言われてました」
課長「なんや、ゲゲゲの鬼太郎みたいやな（笑）」（こいつ話しやすいヤツやな）

A「あれ〜、部長〜。今日の格好スタイリッシュでかっこいいです！」
B「ありがとうな〜」
A「部長がレオンの表紙飾る日も近いですね」
B「お前、それはいじってるやろ（笑）」

相手と距離を縮めるポイント

- 距離感をわざと変えた会話で、場の空気を和らげる
- ビジネスの場でのイジリケーションには「褒め」を加える
- 最初の「つかみ」の効果は全国共通

ほんま？

ビジネス関係などで距離をおいた会話のときでも、
あえて距離を縮めると打ち解けた会話になる

やってみて〜

初対面でも打ち解ける便利なワザとは

フォーマルな場でわざとくだけた話し方をして、その距離感を変えることは、その場の空気づくりに有効です。

「つかみ」が大切と34ページで話した通り、関西では話の初めに自分や相手のいじりで入ることが多く、「なんや賢そうな顔して！　東大生か？」「べっぴんやなぁ〜。モテモテやろ？」という褒めいじりが用いられています。また、「大きな丸メガネ気になりますか？　のび太ってよく言われるんですよ」のように、ボケ交じりの自分いじりでひとウケを狙ったりします。僕はこれをイジリケーションと言っていますが、初対面の人でも打ち解けることができる、便利な方法です。

会社などのフォーマルな場での会話では、あまりくだけたいじりはできませんが、それでも、「課長、今日はええ服着てはりますねぇ。結婚式ですか？」くらいのツッコミは社交辞令みたいなもので許されます。ビジネスなどでのイジリケーションのポイントは、褒め言葉を少し挟むことです。

また関西では、ツッコミやボケのときは目上の人でもタメ口でいいという、都合のいい不文律があります。職場でも、ボケとツッコミはタメ口でやりとりしたあと、普通に仕事モードに入っていったりします。

反対に、オンとオフがはっきりしている東京では、ビジネスの場で最初の「つかみ」が必要という考えは、多くの人は持っていません。僕は関西と東京の両方で仕事の打ち合わせをすることがありますが、東京では関西弁をいつもより大げさに使ってテンションを高めたり、イジリケーションを使うことがあります。すると、意外にもその場の緊張を和らげたりするので、最初の「つかみ」のひと笑いは全国で通用することが経験上わかりました。シチュエーションによって会話を変える必要はありますが、意識的にその距離感を変えることで場の空気感は変わります。**ただし、世代が大きく違う人には慎重に行わないと危険**です。モラルの常識が違う可能性があるので、その世代世代の文化をしっかりと学びましょう。

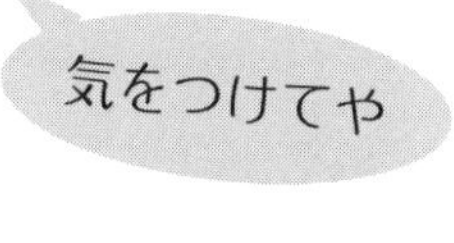

【相手別】正しいノリとテンションとは？

（マッチングアプリで待ち合わせ）
相手「どうもはじめまして！　かなです」
自分「あなたがかなちゃん？　斉藤です！　うわ〜、やさしそうでよかった〜！　昨日からずっと緊張してたんですよ〜」
相手「そうですか？（笑）」（明るそうだけどビビリな性格なのかな？）
自分「ほな、予約した店に食べに行こうか。俺、飲食店で働いてるから味にはうるさいから期待してて！」
友人「そうなんですか（笑）」（なんか安心する）

相手に合わせた会話のポイント

- どんな場合でも相手を一度観察してから会話する
- 初対面の人には、まず自分の情報を開示する
- 目上の人への意見は、相手を持ち上げてから

■芸人が知らない人にネタ見せするとき、大切にしていること

ていねいに自分たちの情報を伝えていくことが大事。どっちがボケでツッコミか、どんなボケをするのかなどを最初のやりとりで見せる。このような情報が浸透してから本ネタに入るとウケやすくなる。反対に、この情報がないとキャラがわからないので、最後でようやく自分たちのキャラをわかってもらえたときにネタが終わるはめになる。

↓

情報（自分のキャラ）は最初に明確にすることが大切！

人は情報を知らない状態をストレスに感じる。知らない人との会話で緊張するのは、相手のことを知らないため、何を話していいのかわからないから。相手のことをだんだん知っていくと次第に緊張は減り、安心感につながる。

↓

情報の開示は相手の安心感につながる！

注意やで〜

初対面、上司との会話で緊張するのは当たり前

初対面や目上の人との会話では、どうしても緊張してしまい、会話がぎこちなくなりがちです。でも、相手に合わせた話し方のポイントを押さえておけば、どんなケースでも心配する必要はありません。

まず、気をつけておきたいのは、友人知人や身内などの気心の知れた相手と話す場合でも、同じテンションでいつも接するのは考えものです。相手の調子は会うたびに違うので、普段は明るい性格の人でも体調が優れなかったり、気分が落ち込んでいたりするかもしれません。会うなり「相変わらず、しけたツラしてんなぁ」などと、軽い気持ちでツッコんだりすると、その関係性が悪化する恐れもあります。そのあとの会話も弾むことはないでしょう。親しい人でも普段と違う表情だったりしないか、相手を観察することを忘れないでください。

初対面の人とどう接していいかわからないのは、みんな同じです。漫才でも、お

笑いに慣れている演芸場の常連客の前と、イベントなどでお笑いに馴染みのない客の前で演じるのでは、緊張感が違います。

会話においてもまず自分のキャラをわかりやすく伝えていきます。明るいキャラなら元気に「挨拶」してキャラが早く伝わるようにしたり、暗いキャラなら「いつもテンション低い感じなのですが、もともとこういうキャラなんで気にしないでくださいね」などと声をかけます。そうすれば、相手は安心して会話ができるようになります。そこから、相手と雑談など交えて会話を進めていくとよいでしょう。前項目の、距離感をあえて近くして空気感を変えるのもひとつの手です。

また、**職場などで上司や目上の人に対して、何か意見するシーン**も少なからずあると思います。その場合のポイントとしては、**要点の前にまず相手を褒めること**です。「いつも企画の発想力を学ばせてもらっています。しかしながら、あのプレゼンした企画にはこういう課題があると思っていまして〜」などと、相手の気持ちを良くしてからにすれば、意に反する意見も聞く耳をもってもらいやすくなります。

情報をアップデートして会話のレベルを上げる

相手「あの流行っているアニメ○○見ました？」
自分「ああ、あれね、すごいなぁ」（ほんとは見てないよ）
相手「ほんと、戦いのシーンすごいですよね」
自分「まぁまぁかな」（見てないから話せない）

自分「この間の寒い朝、道路凍ってたでしょ。反対側を歩いてる人が転んで、10メートルくらい滑って、すごかったわ」
相手「それ、いつどこで見たんですか？」
自分「え？　昨日、新宿駅やけど……」
相手「それ、僕です」
自分「なんやその奇跡（笑）」（メモとってネタにしよ）

会話を濃くするポイント

- 話題を見つけるスキルも「会話」では大切
- 話題がつながるように、情報は具体的に
- 情報収集のポイントは「ミーハー」

人に話すことを
前提に
情報収集
↓
アップデート

○
ひとつの情報を次につなげて
話を盛り上げていく

×
会話の中身がないので
話が続かない

人に話すことを前提にネタを探す

ここで、会話で根本的に大事なことをお伝えします。それは会話の中身（ネタ）についてです。どんなに会話を進めるスキルがアップしても、その中身がないと話し上手な人にはなれません。すなわち、**話題を上手に見つけてくるスキルも「会話」においては大切**なのです。

たとえば、関西では定番の阪神タイガースの話題になったとき、「僕もタイガースのファンです」の一言では、相手がタイガースのファンであっても「そうなんや」で終わってしまいます。そこを、「四番の調子が戻らないと厳しいですよね」など具体的な話まで掘り下げていけば、相手も「○○に四番を打たしたらいいねん」というように目を輝かせて会話に食いついてきます。ひとつの話題が次につながっていくような情報を知っておくことが、話の盛り上げには必要なのです。

日常における情報のアップデートは、会話術の上達に欠かすことができません。

知らんけど

自分の興味がある分野だけでなく、いろんな分野で守備範囲を広げておくと、普段の会話や商談に役立ちます。今はネットニュースや動画ですぐに情報が得られます。実際にあったことや誰かから聞いた話でなくてもいいので、会話に使えそうな情報は意識して探しておくとよいでしょう。ただし、ネットで拾った情報は、あとで思い出そうとしても忘れがちです。僕は仕事柄ですが、面白いネタがあったらスマホにメモするようにしています。

効率的に情報を収集するポイントは、「ミーハーであること」――これに尽きます。えてして関西人には、ミーハーな人が多い気がします。「これ、おもろい。明日学校で話題にしよ」と、子どものころから人に話すための情報収集能力が鍛えられています。結果、話題に困ることは少なくなります。会話にいろんな情報を織り交ぜて、笑いを加えながら会話を楽しんでいます。

人に話すことを前提に、身近な出来事やニュースを探してみてください。世の中には面白いエピソードが溢れているはずです。

テンション高めの相手への対応テク

自分（小声）「この企画の課題は予算がかなりかかることなんですよね」
相手「あの～、もう一回言ってもらっていいですか？」
自分「声が小さくてごめんなさいね。誰かマイク持ってない？」
相手「笑」（空気が悪くならなくて助かる）

相手「先輩～、今日は無礼講なんで言わせてもらいますけど。いつも声小さすぎなんで、もっと声張ってくださいよ～」
自分「アホか。俺が声張ったら、完璧すぎてモテてまうやろ」
相手「何言ってるんすか（笑）」（いじらせてくれる人は話しやすいなぁ）

会話に参入するポイント

- 話し始めだけでもテンションを高める
- いじってくるのは、相手の好意の裏返し
- 定型のリアクションを用意しておけば安心
（選択肢をたくさん持つ）

「誰か拡声器持ってませんか」

「僕、いま心の中で泣いてますよ」

「誰か、殴る棒を持ってない？」

「誰か、ハンカチ持ってない？」

など、定型のリアクションを持っていると便利

アントニオ猪木か！

会話に困っているのは相手も同じ

よく勘違いされがちですが、関西の誰もがおしゃべり好きなわけではありません。無口な人や積極的に会話に参加するのが苦手な人も、それなりに多くいます。そんな人たちがテンション高めの会話に参加せざるをえないときは、次に挙げることを意識してみてもいいと思います。

まず、テンションをいつもより上げて会話するようにします。なにも、「元気ですかぁー！」と雄叫びを上げなくてもかまいません。**できる範囲でいいので、いつもの自分より声を張って、表情も明るめに**してみましょう。

芸人で本当は性格が暗い人でも、番組（仕事）ではいつもより明るく振る舞います。それは、視聴者が明るいキャラを好きだからです。当たり前ではありますが、暗そうに話している人と明るく話している人、どっちと話したいかといえば後者に決まっていますよね。明るい暗いなど、自分の性格は今さらどう変えようもないと思いますが、ここぞという大事な場面では、一段階明るくテンションを上げて臨んだほうがいいでしょう。

ボソボソと話し始めると、最悪発言に気づいてもらえず、そのまま会話に加わることがむずかしくなります。また、聞こえていなくても聞こえたフリをされたりして、しだいに敬遠されるようになるでしょう。

会話でストレスなのは、声が聞き取れないときに「もう一度、言ってもらっていいですか」と聞き返さないといけないときです。多くの人は、相手にもう一度同じことを言わせるのを申し訳なく感じるので、この一言はとても言いづらい言葉なのです。

活舌が悪くても、せめてテンションを上げて話せば、相手はあなたの話し方を指摘しやすくなったり、いじりやすくなったりするかもしれません。そうすれば、次第に会話は盛り上がっていくはずです。テンションを上げて話すことはとても大事なのです。

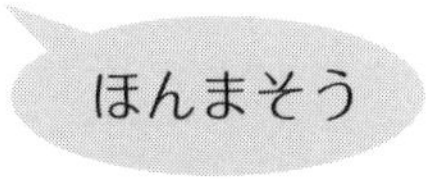

ここが大事やで

表情だけの「返し」でも場はつなげられる

人との距離の近さが苦手という人は、前述のイジリケーションに無反応になりがちです。たとえば、ぼそぼそと話す自分をいじってくる人に対しては、「誰か拡声器持ってませんか」「(第三者に) 声小さいって言われてるよ」など、自分の中で決まった返しを用意しておくと便利です。

相手側の気持ちを反対に考えてみると、**いじってくるのは相手も会話に困っていて、この空気感を変えたいと思っているから**です。自分に興味があるんだなとプラス思考にとらえて、相手を助ける気持ちでいじりに乗ってあげましょう。あなたと話したいからいじってくるのであって、いじられておいしいと思えるようになったら、こっちのものです。ただし、優越感に浸りたいだけのいじりや、バカにするだけのいじりは相手にする必要はありません。相手の真意を察して、対応を変えていきましょう。

また、会話で返答に困ったときや話に詰まったときは、「僕、いま心の中で泣いてますよ」と自分の感情を素直に伝えるという手もあります。ほかにも、怒りの気持ちを表したいのなら、「誰か、殴る棒を持ってない？」と言う方法もあります。うれしいときや悲しいときは「誰か、ハンカチ持ってない？」など、物を利用して表現するやり方です。

定型の言葉を返しづらいという人は、言葉ではなく、いじってきた相手を怖い顔で見たり、悲しい顔をしたりして、表情だけで自分の気持ちを伝えるだけでもいいのです。表情を大げさにすれば、それだけでその場が面白くなり、和むこともあります。

その状況に応じて、これらのような選択肢をたくさん持っておくと安心です。定型の言葉、リアクションを用意しておけば、何とかなります。会話を続かせたい、楽しみたいと悩んでいるのは相手も同じなのです。

やってみて〜

関西あるある

新時代の関西弁の在り方とは

昔は、関東の人にとって関西弁は馴染みがないものでした。しかし、昨今はYouTubeなどのSNSが盛んになったため、関東の人も関西限定で活躍している芸人に触れる機会が増えたと思います。その結果、関西弁も標準語といっていいほど全国で伝わるようになりました。僕はこれからの時代は、関東で話すから標準語や、関西で話すから関西弁ではなく、その場に合った一番良い伝え方（言葉）を選択していく時代になるのではないかと考えています。

たとえば、ネット上で流行っている「知らんけど」もそうですよね。関西弁の利便性に気づいた人がだんだんと増えてきている気がします。使いたいときに関西弁が使えるようになれば、自分の表現の幅を広げることにつながるはずです。

余談ですが、とある東京出身の芸人さんはツッコむときは「なんでやねん」という関西弁を使っています。理由は、ツッコミの最適な言葉であるからと言っていました。ちなみに、エセ関西弁って言われることを恐れている人に伝えておきたいのですが、エセ関西弁を嫌っているのは関東の人が多いです。関西人は、じつはあまり何も気にしていません。これからは、用途に合わせて関西弁をどんどん使っていきましょう。

4章

「場」を和らげる、使える「関西弁」の定番フレーズ

関西弁の定番フレーズ 1

使用頻度

使い勝手

なんでやねん

相手の話に対して、疑問、怒り、驚き、呆れなどの感情を解消して、会話を続けることができるツッコミの定番言葉。要所要所に使えば会話に締まりが出る。

使い方

「おばちゃんなあ、さっきナンパされたわ」→「なんでやねん、ダイエットの勧誘やろ」みたいに、ボケに対してのツッコミとして、決まり文句のように使われます。「冷蔵庫のプリン食べてしもたわ」→「なんでやねん」などの驚き、呆れの意味合いでも使える汎用性の高い言葉です。また、「なんでやねん、彼女に振られるなんて」と、自分に向けても使えます。

応用編

「なにいうてんねん」「なにしとんねん」「なんやそれ」などのバリエーションがあります。「なんやねん」と言い切ると、否定の意味合いが強くなります。言葉通りに標準語にすると「どうして？」ですが、否定なら「違うんじゃない」、呆れなら「もぉー」、怒りなら「なにやってるの！」といった感じでしょうか。感情をうまく込める点がポイントです。

関西弁のトリビア

「なんで」といった疑問、否定言葉の語尾に、「～のです」という意味の関西訛り「ねん」がついて、「なんでやねん」になったといわれています。漫才師のツッコミ言葉として、全国的に知れ渡るようになりました。

関西弁の定番フレーズ 2

使用頻度

使い勝手

せやな

相手の発言に同意する言葉。話を聞いているときの相槌に使われる。相手の話をさらに引き出し、会話を盛り上げるための接続語的な役割もある。

使い方

相手や話の内容に共感したときに、「せやな」と相槌を打ちます。元気よく言うと、納得の意味合いが強くなり、ゆっくり言うと、あまり納得できていない意思表示になります。「オレってイケてるよな」に「せやな」とそっけなく返すと、「どこがや？」と呆れた感情を乗せられます。また、「せやな、そうするわ」と、自分を納得させるときにも使われます。

応用編

相手に同意してもらいたいときに、話の終わりに「せやろ」と言い切って使ったりします。否定の言葉を続けるときは「せやけど……」といった逆接の役割になります。連続させて「せやせや」と合いの手を入れると、話のノリがよくなるでしょう。標準語では、「そうですね」や「そう」にあたりますが、これほど多くの意味合いはありません。

関西弁のトリビア

主に大阪では「せやな」、京都や神戸では「そやな」と言うことが多く、地域によって言い方が違います。近ごろよく使われる「それな」は、この「そやな」が変化した言葉という説もあります。

関西弁の定番フレーズ 3

使用頻度

使い勝手

しゃあない

相手に同意できないけれど、穏便に済ますための返答。許容のなかに、諦めやどこか憎めないという愛情も含んでいる、曖昧な気持ちを表現した言葉。

使い方

納得がいかないことを言われたり、状況を変えられない場合などに、「しゃあないな」とため息交じりに使います。呆れたときや失望したときにも使われますが、「しゃあないな、やったるわ」など、仕方がないけど、この人のためにやってやろうという男気や人情が含まれることもあります。独り言の場合は、無理やり納得して自分を励ます、消極的な肯定言葉となります。

応用編

「しゃあない、次がんばろか」と、物事を後腐れなくなかったことにできる、次に仕切り直す言葉としても使えます。強く言えば「もうお仕舞いな」という、最後通告の意味にもなります。標準語で言うと、「仕方ないですね」と諦めの言葉になってしまい、これらの意思表示はあまり反映されなくなります。

関西弁のトリビア

ていねいに言うと「しょうがおまへん」となります。天気の悪さや騒音など、どうしようもない事態に対して使うことが多く、諦めの感情がより強くなります。また、「儲かってしゃあないやろ」の「しゃあない」は羨ましさや肯定を意味する表現です。

関西弁の定番フレーズ 4

使用頻度
使い勝手

アホちゃうん

くだらなさすぎる、滑稽だけど面白いなど、否定する一歩手前で、むしろそれが反転して軽い賞賛の気持ちが込められて使われる、関西では褒め言葉の一種。

使い方

トンチンカンなことをしたり、言った人を「しょうもない」という気持ちで戒めるときに使います。ただ、そこには精一杯アホをした相手へのリスペクトの気持ちが込められています。関西の人は、「アホ」と言われることが嬉しかったりするので、「しゃあないやっちゃな」と思ったときは、「アホちゃうん」とツッコんであげてください。

応用編

「アホちゃうん」には「ドジですね」という、どこか憎めない愛情が込められています。愛を含まないマジな場合は、「アホぬかせ」とか、「アホくさ」と言い切ります。この言葉を言われたときは、「アホちゃうわ」または「お前こそアホやろ」と返します。標準語では「何してるの？」となって、どこか愛情が抜けてしまいます。

関西弁のトリビア

「あなた、バカね」「おバカさんね」など、関東では「バカ」のほうに愛情が込められていたりします。関東での「アホ」は、ただ相手をコケにした意味になります。反対に関西での「バカ」は、罵倒の言葉になるので注意が必要です。

関西弁の定番フレーズ 5

使用頻度

使い勝手

知らんけど

自分の言動に責任が持てないときに、語尾に付け加える便利な一言。知ったかぶりや、曖昧な話をしたときに、真剣にとらえないでという責任回避の予防線に使う。

使い方

話しているうちに、大風呂敷を広げて確信が持てなくなったり、裏付けのない内容でこのまま鵜呑みにされては困る場合に、この「知らんけど」の一言を最後に付け加えると、相手に「嘘つき」と言われなくなる魔法の言葉。また、相手の言動が受け入れられないときに「知らんがな」や「知らんわ」と言って、相手を突き放すこともできます。

応用編

発言の責任を曖昧にする使い方以外に、真面目な話や少し熱く話し込んでしまったあとなどにこの言葉を付け加えると、照れ隠しとして使えます。一呼吸置いて、茶目っ気たっぷりに言うのがポイントです。言葉通り標準語にすると「たぶんね」になりますが、この使い方のときは「なんちゃって」と言う意味合いになります。

関西弁のトリビア

SNS を中心に、文末にこの言葉を付けるのが支持され、2022 年の流行語大賞のトップ 10 入りをするなど、今や全国区となった関西弁のひとつ。フォーマルな場で使うと相手に不快感を与え、ただ無責任な人と思われてしまうのでご注意ください。

あかんて

使用頻度

使い勝手

相手を否定するときに使う言葉。ツッコミにも多用される。語感がやわらかいので、否定されても嫌みをあまり感じさせず、ツッコミも柔らかい印象になる。

使い方

きつく言っても強い否定に思われずに、軽いツッコミにとられがちな言葉。否定の気持ちを強くするときは、「あかんて、あかんて」と連発します。ただ、あまりに連発して言うと、むしろやってほしいというフリの意味を持ったりします。「もうあかんて……」「あかん、こんなことやってたら……」など独り呟くと、精神的ダメージを表現したり、自分を叱咤する言葉になります。

応用編

怒りの感情が入ると、「あかんがな」という少し荒々しい言葉に変化します。また、「ちゃうて」という、可愛らしさが入った変形言葉もあります。標準語では、「よくないよ」というダメ出しの言葉が近いと思います。諭す感じでやさしく言うと、関西弁の「あかんて」の雰囲気が出ます。

関西弁のトリビア

関西弁「あかん」の語源は、「埒が明《あ》かぬ」の「明かぬ」が変化したという説があります。京都では、「あきまへん」とやんわりした言葉になりますが、その裏に秘められた否定力、拒否感は「あかん」を遥かに凌駕しているので注意してください。

関西弁の定番フレーズ 7

使用頻度

使い勝手

めっちゃ

物事が度を越している状態を表すときや、相手の話や内容に感嘆したときに使う。現在ではその意味、使い方は多岐にわたり、全国的にも使われている。

使い方

「めちゃ可愛い」「めっちゃうれしい」など、すごい物や感情を表す副詞、感嘆詞です。「めちゃめちゃ」と連続すると、最上級の表現になります。筋が通らない事柄や人のことを、「めちゃくちゃな方法」、「めちゃくちゃな人」と表現したりします。どうにもならないことや混乱した状態は、「台風で道路がめちゃくちゃだ」などと言います。

応用編

変化形として「むっちゃ」があります。類似語に「ごっつい」という言葉があり、「それって、ごっついやん」とか、「ごっつカッコいい！」というように使われます。「ごっつい」の最上級に、「ものごっつい」という表現があります。標準語だと、「とても」「すごい」の意味になります。「すっごーい」とか、「すげー」と大げさに言えば、「ごっつい」の意味に近づきます。

関西弁のトリビア

語源は、「作為がない自然なもの」や「不格好なもの」という意味の仏教用語「無作《むさ》」。これが、程度が甚だしいという意味の「無茶」になったといわれています。もともとの関西弁ではなく、90年代に関西の若者が使い始め、そのあと全国で使われるようになりました。

関西弁の定番フレーズ 8

使用頻度

使い勝手

じゃまくさ

面倒なことや、したくないことがあるときに発する言葉。もともとは京都弁で、大阪をはじめ関西全域に広がった。「邪魔」という言葉の意味は含まれていない。

使い方

一般的に「邪魔」とは、自分にとっていらないものを指し、通行の妨げなどに「じゃま、じゃま」などと使われますが、関西弁の「じゃま」は「面倒なこと」を意味します。「雨か、買いもん行くん、じゃまくさ」など、行動に対して使ったり、「じゃまくさいやっちゃ」と面倒な人を指したりします。何をするにも面倒な人のことを「じゃまくさがり」と言います。

応用編

標準語では「面倒くさい」となり、何をするにも億劫なことを意味します。関西でも面倒なことをそのまま「めんどくさ」「めんど」「めんどい」などと言いますが、「じゃまくさ」のほうがポピュラーです。また類似語に、「鬱陶しい」を略しての「うっとし」という言い方もあります。「じゃまくさ」は、ツッコミ言葉として使うこともできます。

関西弁のトリビア

「邪魔」はもともと仏教用語で、修行の妨げになるものを指します。「じゃまくさい」は、邪魔なものをどうにかするのが面倒という意味から、「面倒くさい」だけが残ったものと考えられています。「邪魔」の意味はないので、平仮名で書くのが正しくなります。

関西弁の定番フレーズ 9

ほな

使用頻度

使い勝手

話や状態を切り替えるときに使う接続語。それまでの事柄を踏まえ、次の話題や状況に転換させる役割を持つ。大阪と京都で比較的よく使われる。

使い方

「ほな、さいなら」などと、話し始めの一言に使われたりします。「ほなな」や「ほんなら」と言うことも多く、「ほな」はその略語です。会話のなかでは、「ほな、行こか」と相手を促すとき、「ほな、明日にするわ」と会話を結ぶとき、「ほな、どうすんねん」と切り替えるときなど、「そうしたら」「そうすると」の意味として頻繁に使われます。

応用編

標準語では「じゃあ」や「では」だったりしますが、関西弁の「ほな」はさまざまなシーンで使われ、一概にほかの言葉に代替えできません。別れ際の「ほな」には、「またな、今日は楽しかったで。あ、そうそう、嫁はんによろしく、気をつけて帰りや」といった今日一日の思いがこの二文字に込められていたりします。「ほな」に続く思いが、「ほな」にはあるのです。

関西弁のトリビア

語源は「ほんなら」で、これは「さようならば」が簡略化したと考えられています。大阪や京都は「そ」を「ほ」と言い換えることが多く、「それなら」が訛って「ほんなら」になり、それが略されて「ほな」になりました。

関西弁の定番フレーズ 10

使用頻度

使い勝手

えげつな

ひどい目に遭ったり、悲惨な様子を目にしたときに使われる言葉。道徳的に見て許容範囲を超えた事柄に対して、驚きや嘆き、抗議の感情を表現する。

使い方

「ひどい」「度を越えている」「悪どい」という意味ですが、関西では理不尽なことを言われたら、間髪入れずに「えげつなー」と返したりします。やり方が汚いことには「えげつないことすんなや」、悪い人には「えげつない奴」などの使い方をします。また、「ウチの嫁はんの料理、えげつないんや」など、ひどいを強調したいときにも使われます。

応用編

標準語で言うなら、言葉というよりも「ええ〜っ」「どうしてー」といった感嘆の表現がぴったりくると思います。悪い状態を見て「えげつな」と言っている場合は、「ひどい」というより「とんでもない」「何それ」という言葉のほうがニュアンスが近くなります。近ごろは、「えげつないくらい美しい」のように、「半端ない」という意味でも使うことがあります。

関西弁のトリビア

「意気地《いげち》無し」という、かわいそう、醜い、情けないという意味の言葉が、「いげつない」「えげつない」に転じたという説が有力です。「えぐい」は、「えげつない」が変化した言葉と考えられています（諸説あり）。

関西弁の定番フレーズ 11

使用頻度

使い勝手

まいど

漢字で「毎度」と書くように、「いつも」という意味。商売の場で使うことが多い。普段の挨拶などでも頻繁に使われ、いろいろな場面で耳にする一言。

使い方

店にお客が来たときの「いらっしゃい」の意味で使います。店だけでなく、客も「来たで」という意味で「まいど」と返します。商売の場の挨拶以外では、定期的に人に会うときなど、「また会ったね」という意味を込めて「まいど、元気やった？」と使います。「こんにちは」のような日常の挨拶として、気軽に使われる言葉です。

応用編

関西以外の人にとっては、会うのが初めてなのに「まいど」と言われると、戸惑ってしまうかもしれません。ただ、言っている本人はあまり深く考えておらず、いつでも誰にでも使う挨拶だったりします。とりあえず「まいど」と返しておけば、挨拶として成立します。標準語なら「どうも」という言葉が近いと思います。

関西弁のトリビア

関西弁を代表する言葉として全国に知られていますが、「毎度＝いつも」以外に多くの意味があり、その世情によって使い方は変わってきました。「まいど」と言われたら「まいど」と返す、これが関西の常識です。

関西弁の定番フレーズ 12

使用頻度

使い勝手

しばくで

殴るや懲らしめるという意味の動詞。そのほか、「どこかに行く」という意味もあるが、主に大阪で使われることが多く、近ごろは半分ギャグのように使用される。

使い方

暴力的な言葉ですが、多くは「たいがいにせえや、しばくで」と言っても実際に殴るわけではなく、度を越していることに対して、「いいかげんにして」という気持ちを表すために使用されたりします。冗談交じりに「しばいたろか」と言えば、ツッコミ言葉になります。「しばくで」ではなく、「いてこますで」と言われたらマジなので、素直に謝りましょう。

応用編

標準語で直訳すると、「殴るよ」「怒るよ」になります。ただ、実際の「しばくで」は、「怒り」の感情は薄れて穏便な印象がある言葉です。また、まったく違う使い方で「おねえちゃん、茶、しばかへん？」という言い回しがあります。ナンパするときや友人をお茶に誘うときに、「どこかに行かない？」という大阪独特の使い方です。

関西弁のトリビア

ケンカのときの決め台詞にはいろいろありますが、関西には「耳の穴から手ぇつっこんで、奥歯ガタガタいわしたろか！」という、思わず笑ってしまう脅し文句があります。元は芸人のギャグですが、実際に言う人もマジではなくギャグとして使っています。

関西弁の定番フレーズ 13

使用頻度

使い勝手

おちょくる

「からかう」「ふざける」という意味だが、もう少しくだけた、相手との距離感が近いときに使うケースが多い。語感の面白さ、語呂の良さが特徴。

使い方

ふざけたことをしている人や、馬鹿にしたことを言っている人に、「おちょくったら、あかん」などと使います。冗談を言い合っているときやツッコミ言葉のひとつとして使われることが多いですが、語気を強めてケンカのときに使ったりもします。批判めいた言い方で、「人をおちょくった映画」と表現したり、ふざけた人を「あいつは、おちょくりやな」と言ったりします。

応用編

図に乗りすぎることを「いちびる」と言い、図に乗りすぎた人は「いちびり」と認定されます。「おちょくんな」を標準語にすると、「ふざけんな」や「馬鹿にするな」などのきつい言葉になりますが、関西弁の「おちょくる」はもう少しやわらかな印象です。「冗談がすぎる」や「見くびりすぎじゃない」など、諭すような言葉のほうが近いかもしれません。

関西弁のトリビア

人を馬鹿にして嘲笑うことを繰り返す「嘲繰（ちょうくる）」が「ちょくる」に変化し、「おちょくる」になったという説があります。関西では「おちょくる」と同義語で、「ちょける」という言葉も残っています。

関西弁の定番フレーズ 14

使用頻度

使い勝手

けったい

不思議なことや奇妙なこと、珍しいことを表す言葉。単独で使ったり、違和感を感じた発言や出来事、人物などに組み合わせて使ったりする。

使い方

関西では、経験したことのない出来事や予想外のことにあうと、「けったいやな」と口に出して驚く人が多いです。また、「けったいな話」「けったいな人」「けったいな味」など、おかしいと感じた事柄に、この「けったい」をつけて表現します。もともとは悪い事柄を意味する言葉でしたが、解釈が緩和されて、現在のような使われ方になりました。

応用編

標準語にすると「おかしい」になりますが、それよりも「ピンとこない」「不思議な」というニュアンスが強い言葉です。関西で「おかしい」は、本当に異常なときに使う言葉になります。「おかしい味」「おかしい人」と言うと表現がストレートすぎるので、「けったいな○○」を使って、言葉の当たりを少し和らげています。

関西弁のトリビア

占いの結果の「卦体《けたい》が悪い」から変化したという説と、珍しいを意味する「希代《きたい》」が由来という説があります。類似語の「けったくそ悪い」は、いまいましいときに使う言葉で、「悪い占い結果」が由来となっています。

関西弁の定番フレーズ 15

使用頻度

使い勝手

おおきに

感謝の意を表す言葉。関西で広く使われており、全国に知られる代表的な関西弁のひとつ。「とても」「大変」という意味で、「大いに」という副詞でもある。

使い方

もともとは商売人が言い始めたもので、客に対して「ありがとう」という意味で使われていたのが、商いが盛んな大阪を中心に広がり、今では誰もが使う感謝の言葉になっています。また、「おおきに、ありがとうございます」と言うこともあり、この場合は「大変、ありがとうございます」という具合に、謝意にかかる程度を強める意味合いになります。

応用編

言い方が大阪と京都では違い、その意味においても微妙に差があります。大阪では商売相手同士の挨拶に使われ、「おおきに！」と元気よく言うことが多いです。一方、京都では接客言葉として使われることが多く、「お、お、き、に」と気持ちを込めてゆっくりと言います。また、京都の「おおきに」は、断りの場合にも社交辞令で付け加えるので、誤解なきように。

関西弁のトリビア

語源は「大いに」に由来します。「おおいに（大変）、ありがとう」が「おおいに」に略され、「おおきに」に変化したといわれています。どんな言葉も短くするあたりに、大阪商人らしさが表れています。

使用頻度

使い勝手

ぼちぼち

関西地域の多くで、「徐々に」「そろそろ」「ゆっくり」という意味で使われる。「まあまあ」という曖昧な表現をするときにも好んで使用される。

使い方

「ぼちぼち行こか」では、「ゆっくり」「そろそろ」の意味になります。「元気やった？」の問いかけに対しての「ぼちぼちやな」は、良くも悪くもない状態や気持ちを表します。返答するのが面倒なときや、返事の内容をぼかしたいときに「ぼちぼちやな」と使うと、便利です。

応用編

商売間などで相手のことを探り合う返答として、「ぼちぼちでんな」と使われることがよくあります。正直に「景気が良い、悪い」と返事をすると人間関係がギスギスするので、曖昧な表現で丸く収めようとする商人の知恵です。何かを聞かれて返答に困ったときは、そっけなく「まあまあ」と返すよりも、「ぼちぼち」と答えたほうが、語呂の良さからも印象がやわらかくなります。

関西弁のトリビア

「儲かりまっか」「ぼちぼちでんな」というお馴染みのやりとりは、お笑い番組などで全国に広まりました。実際に関西では商売人同士のやりとりで聞かれますが、親しい人との挨拶やつかみギャグとしても使われています。

関西あるある

「関西人」という生き物の攻略法

関西人は「笑い」を第一に考えているため、普通にコミュニケーションをとっていると誤解が生じることがあります。

たとえば、彼女がいる人に「お前は彼女できてええなぁ。俺なんて彼女ができなくて～」とひがみっぽいことを言ったりすることがありますが、これは決して慰められたいわけではなく、単に話を広げる狙いだったり、会話を盛り上げるため、勝ち組ポジションと負け組ポジションに自分と相手を分ける狙いだったりします。

テレビの番組でも、テーマが対立する「犬派 vs 猫派」や「既婚者 vs 独身」という分け方をして、番組が進められるのを見たことがあるのではないでしょうか。これによりお互いのポジションが明確になり、自分のポジションのメリットを言いやすくなったり、相手側のデメリットをいじれるので会話が盛り上がりやすくなるのです。

つまり、関西人と話すときはなんでも間に受けないことが関西人攻略の鍵です。基本的に関西人は、哀れみや慰めでもなんでも笑いにすることを美徳とする生き物なので、そう理解しておけば大丈夫です。知らんけど。

5章

三都関西人「雑談」物語

原案：井澤俊二　監修：芝山大補

登場人物
・東京出身の東《ひがし》
・大阪出身の大輝
・京都出身の京子
・神戸出身の神吾

連休中とあってにぎやかな構内の新大阪駅。改札を抜けたとたんに、関西弁がちらほら聞こえてくる。東京在住の東は、バリ島のビーチで知り合った友人・大輝に会いに大阪に到着したところだ。

ビーチでのんびり本を読んでいた東にいきなり声をかけ、べらべらとおしゃべりを始めたのが大阪出身の大輝であった。それでも話に付き合っているうちに二人は友だちになり、帰国後に大阪で会おうということになったのだ。

大：「おお〜!! 久しぶりやな！ 西！ いや北！ いや南！」

東：「東だよ……」

大：「ああ、くそ〜！　4分の3外したわ〜！」
東：「なんでギャンブル感覚なんだよ……、ちゃんと名前覚えてくれよ。大輝くん」
大：「自分も大概悪いで？　ややこしいねん」
東：「自分？（あぁ関西では相手のこと自分って言うんだったな）なんで僕がややこしいの」
大：「東が関西に来たわけやろ。つまりは東が西に来る。しかも待ち合わせ場所は駅の南口や。となると東が西に来て南に到着したってわけや。もう、わけわからんなるわ」
東：「わけわからなくないだろ。ややこしくしてるのは君なんだから」
大：「今のツッコミの間が悪いな。もっと、こう早く……」
東：「お笑いマウントはもういいから早く行こうよ」
大：「ほな、まずは茶でもしばこか」
東：「え？　茶をしばくって？　どういう意味だっけ？」

大：「お茶を飲みに行こうってことや！」
東：「しばくだなんて荒々しいな。『お茶飲みに行こう』でいいんじゃないの」
大：「『お茶飲みに行こう』やったら9文字やぞ。『茶でもしばこ』やったら7文字や。言葉の無駄遣いしたらあかん！　言葉もエコしていかな！」
東：「だったら、最初の東が西に来て～うんたらみたいなのやめろよ。あれこそ無駄の極みだろ」
大：「極み……ええフレーズやな（メモしてる仕草で）。こんど使わしてもらうわ」
東、無視してその場から立ち去る。大輝、「ちょっとまってや～、西～！」と東を追いかける。二人で歩きながら、
大：「そういや、仕事忙しい言うてへんかった？　よう来れたな」
東：「いや、やっとキリがついて有給をとれたんだよ」
大：「有給？　そんなんウチの会社で言ったら、命狙われるで！」
東：「どんなブラック企業で働いてるんだよ」

大：「ウチの会社はブラックどころか、もう漆黒やで！　漆黒企業！」
東：「ほんとに、よくそんなにボケれるね」
大：「いやいや！　俺、ボケたりすんの嫌いやで。そや、今日どこ行く？　ユニバ、ユニバ、それともユニバ？」
東：「さっそくボケてんじゃん。ユニバーサルスタジオは昔行ったから、ほかにない？」
大：「大阪は面白いとこ多いからなぁ〜、期待しててて！　ほな早速、吉野家でも見に行くか？」
東：「なんでチェーン店見に行くんだよ」

こんな感じで、大阪の街を日中は散策。大阪城、通天閣、道頓堀。大阪は東京と違って、どこへ行っても街も人もにぎやかだ。途中で大輝の友だち二人と合流。一人は京都出身の女の子、もう一人は神戸出身の男性だ。大阪人・京都人・神戸人、それぞれ個性豊かな関西トークが繰り広げられる。

喫茶店の店内（4人テーブル）

大：「おお、こっち、こっち。この子が僕の大学時代のサークル仲間の京子ちゃん」
京：「はじめまして、京子です。いやぁ、めちゃかっこええやん、大輝と違うわ〜」
大：「（女子の言い方で）ほんま！　ほんま！　大輝とはえらい違い〜！」
京：「大輝はあんたやろ！」
東：「（なんか、入りづらいなぁ）ど、どうも東です。よろしくお願いします」
京：「（いつもより声が高い）ぁあ！　京子ですぅ〜。よろしくお願いしますぅ〜。ほんま、東さんと大輝は月とスッポンポンやん！」
大：「それを言うなら月とスッポンやろ。なんで月と全裸の人を比べんねん」
京：「（顔を赤らめて）わ、わかってるわ!!　いまのはボケやし!!」
大：「嘘つけ！　いつもの天然やろ！　東、すまんすまん。この子、京都人でボケーとしてて天然やねん」

東：「京都のイメージって、落ち着いてて賢そうな感じだけど」
京：「そやろ、わかる人はわかるし。やっぱり大輝とは月と…えっと……」
大：「もうお前は二度とことわざ使うな」
京：「違うって、今のは言葉が詰まっただけやん！」
大：「はいはい！（流す）ほな、なんか飲もか、俺はレイコーな、自分らは」
京：「私、コールコーヒー」
東：「（レイコー？　コール？　コーヒー？）えっと、僕はアイスコーヒーで」
大：「東、初めて来たお店では『いつもの』ってボケるんやで」
京：「そんなんいうたかて、あんたみたいにイチビリ（お調子者）ちゃうわ」
東：「レイコー、コールコーヒー、イチビリ？　さっきから暗号が飛び交ってるけど、どういうこと？」
大：「コーヒーに関しては、俺らのいつものノリであえて昔の言い方で言っててんのよ」
京：「イチビリは東京の人に通じへんのやね〜。それは気が回らんかったわ〜」

東：「さっきも大輝くんに、『自分も大概悪いで』って言われたときも戸惑ったよ。『自分』って言葉が、相手を指すということは理解したけど……」

京：「東さん、京都人は『自分』なんて使わへんから安心しい。大阪人はわいとか、わてとか変な言葉を使うからね～。できるだけ大阪人とは関わらんほうがええよ」

大：「アホぬかせ。お前に『ごめーん、お財布忘れてしもたん』って何回奢《おご》らされたか。（感情込めて）京都人こそ関わらんほうがええわ！」

京：「ほんま、大阪人はしけて（ケチ）はるわ」

東：「（空気悪いなぁ～）ところで、さっきから横にいる人は？」

大：「あ、いつ来たんや。なんか言えよ！　サークル仲間だった、神戸出身の神吾」

神：「どうも、神吾です。よろしくお願いします」

大：「なに普通に挨拶してんねん。ボケろや！」

東：（この人、神吾とは仲良くなれそうだな）

京：「神吾くんは、何か頼む？」

大：「神戸の人は、さぞかしおもろい注文してくれるんやろな～」
神：「無茶振り、やめてや。普通に注文させて！」
東：（やっぱり、この人とは仲良くなれそうだな）
神：「えっと、じゃあこの【おしながき】ってヤツをひとつ～」
大：「それ、品物ちゃうねん！」
東：（やっぱり、この人とも仲良くなれないかも）
京：「神吾くん、めっちゃおもろいわ～」
大：「今のは俺のフリがあったからや！　勘違いすんなよ、神吾！」
東：「（どうでもいい～）と、ところで、大学のサークルってどんなことしてたの？」
大：「ああ、ＵＦＯ研究会や」
東：「え？　ほんとに？」
神：「いつも僕たち、部室で焼きそば食べてたね～」
大：「そのＵＦＯちゃうねん！　お前そのボケは古《いにしえ》のものやぞ！　令和で通用すると

思うな！」

京：「あっ、ちょっと見てみ。あのテラス席の子やけど、後輩の一平に似てへん？」

神：「え!? ホントだ！ めっちゃ似てる〜！」

大：「いやいや、この話の流れで一平は焼きそばの『一平ちゃん』になってまうから！」

京：「(大輝に)ぇ？ どういうこと？」

東：「(京子さんの天然すごいな)そうだ、今日何食べに行こうかな？」

神：「神戸名物、明石焼きとかどう？」

大：「アホちゃうん！ あんなん邪道や。たこ焼きを汁でべちゃべちゃしただけやんけ！ お好み焼きにしろ、お好み焼きで決まりや！」

京：「あんたら大阪、神戸は、バカのひとつ覚えみたいに粉もんばっかやなぁ！」

大：「出たな、京都人！ 京都なんか漬けもんくらいしか名物ないやろ、ひっこめ！」

京：「アホいわんといて！ 京都には八つ橋もあるし、湯豆腐もあるし、何より寺があるし！」

大：「最後食べもんちゃうやろ。（東に）京都人はプライド高いから気いつけや」

京：「あんなぁ、なんやかんやいうて、京都人が一番えらいやん。もともと都やったんやから、プライド高こうて当然やわ。大阪の通天閣より京都タワーのほうが高いし」

大：「建物の高さは関係ないやろ！　まぁ、それでいくと神戸が一番下なのは決定やけどな（神吾に嫌み）」

神：「神戸ポートタワーは通天閣といっしょの高さやで」

大：「ウッ！」

神：「あと！　神戸には神戸牛もあるで」

大・京：「ウッ！」

東：「へぇ～、じゃあ、今日は神戸牛にしようよ」

大：「結局、いつもええところは神戸のやつが持っていくねん。合コンでもや。神戸のやつはいつもええとこ持っていきよる！」

京：「涙、拭きい（大輝にハンカチ渡す）」

おばちゃん：「なあなあ、さっきから横で聞いとったんやけど。その兄ちゃん、めっちゃイケメンやな！」

大：「なんや、おばちゃん！　さすが、わかってるやん！　ありがとうな」

おばちゃん：「あんた、ちゃうわ！」

東：（これが……かの有名な……大阪のおばちゃん）

おばちゃん：「（東を指差し）その兄ちゃんや。あ、そうそう、あんたらアメちゃん食べるか？」

大：「いらんいらん！」

東：（これが大阪のおばちゃんの「アメちゃんいる？」か！　初めて見た）

おばちゃん：「見てや！（袋からヒョウ柄の服を出す）これいくらで買ったと思う？」

大：「知らんわ！　どうせ、1000円ぐらいやろ」

おばちゃん：「ちゃうで、200円や！」
京：「安っ！」
おばちゃん：「せやろ！（京子に）あんたにあげようか？」
京：「いや。え、遠慮しときます」
東：（そんなすぐあげるなら、なんで買ったんだ？）
おばちゃん：「そや。今日おばちゃんな、阪神戦見に行くねん」
大：「そうなん！　めっちゃ、ええやん」
東：（なんで、聞いてもないのにこんなベラベラしゃべりかけてくるんだ？）
おばちゃん：「待ち合わせしてるんやけど、友だちが遅れててね～。ほんま、イヤンなるわ～。こんな、かよわいおばちゃんが一人でおって、襲われたらどないしよ～」
大：「何言うてんねん！　おばちゃんは襲う側やろ」
おばちゃん：「あんた！　ええかげんにしぃや！」
大：「す、すんません」

おばちゃん：「そや。そんなことよりも、ここのトイレ見た？」

京：「いや、見てへん……」

おばちゃん：「きったないで〜！　掃除してへんのちゃうかな」

東：（ぜんぜんこっちの話を聞いてないな）

おばちゃん：「あら？　来たわ、友だちやわ！　またね。そっちの男前の子、おばちゃん可愛いくて、ご飯誘いたかったやろうけど、ウチ日那おるねん。ごめんやで！」

東：（なんか知らないけどフラれた……）

神：「いや〜、ようやく帰ったね」

大：「うるさいオバハンやったな」

京：「ほんまやわ。話ぐらい聞いてほしいわ」

東：（関西人の若者3人をもってしてもオバチャンには敵わないんだな）

関西名物のおばちゃんも登場したところで、さらに会話は加速。いきなり話しかけてくるおばちゃんは嘘のようだが、関西ではよく見かける光景だ。

東：「大阪のおばちゃん、初めて見たよ」

大：「まあ、おばちゃんに捕まったら、あんなもんや。大阪のおばちゃんは、無敵やからな。こんなもんで済んでラッキーやな、神吾」

神：「ウチのオカンもえげつない（ひどい）けど、大阪のおばちゃんは憎めへんな」

大：「京子んちのオカンも強烈やったな。前、中華料理店に連れてってもらったときに、店の人に『まあ、おいしい焼売やこと。こんなん食べたことあらしまへん』言うて、ほとんど残しとったけど、あれ、なんなん」

京：「きょ、京都の人は奥ゆかしいから少食なん！　だいたい、ウチのおかあちゃんに奢《おご》ってもらってんねんから文句いわんといて！」

大：「はいはい。あ〜、食いもんの話してたら腹へったな。ボチボチなんか食べへん」

神：「そうや！　おいしいうどん屋知ってるからそこ行こうや」

京：「相変わらずミーハーなん、お好きおすなぁ」

大：「ええな。俺、たぬきうどん食おうかな。東は？」

東：（あれ？　俺、神戸牛を食べたいって言わなかったっけ）
京：「知ってた？　東くん。京都でたぬきは、あんかけのきつねうどんやねんで」
東：「そうなんだ。東京では、天かすだよ」
神：「僕とこは、きつねうどんをけつねうどんって言うよ」
大：「まあ、所変われば品変わるってやつや、知らんけど」
東：「言葉の意味って違うよね。そういえばこの間、関西弁のおじさんと商談したんだけど、いつもと勝手が違って大変だったよ」
大：「関西人は、どこ行ってもしんどいやろ？」
東：「う、うん（今もしんどいけど……）」

～東の商談を回想。３人に説明中～

商談相手：「今日はよろしゅうお願いします。少し遅れてしまいましたわ、すんまへんな～」

東：「いえいえ、東京って電車の遅延とか多いので……」
商談相手：「いやいや、電車の遅延じゃないんすよ！」
東：「え？　なんでですか？」
商談相手：「いや〜、向かい風が強くて強くて！」
東：「え……？」
商談相手：「いや、向かい風ごときで遅刻するなよってツッコまんと！」
東：「はは……（むずかしい）」
商談相手：「ほな、始めましょか!!」
東：「……あ、では、この商品の説明をさせていただきます……（説明終了）」
商談相手：「説明が上手で、ようわかりました。こたつの説明書すらわからん私が理解できるの凄いですわ！　今度、こたつを組み立てるとき家に来てもらおうかな〜」
東：「褒めていただき、ありがとうございます。では、この商品のお値段はこちらになりますがいかがでしょうか」
商談相手：「そこで相談なんですが、勉強できまへんか？」
東：「あ、はい。勉強は苦手なほうでしたけれど」
商談相手：「わっはっは。いや勉強って、相手が値下げをお願いするときに使う言葉なんですわ。ややこしくてすんまへんなぁ！」
東：「え、『勉強』って値下げのことだったんですか。勉強になります！　あっ、いや、この勉強はわざと使ったわけじゃなくて……」
商談相手：「わっはっは。おもろい人でんな！」
〜回想終了〜
東：「まぁ、面白い人で、仕事はうまくいったんだけどね」
京：「ウチとこのおとうちゃんも店員さんによく『勉強してくれまへんか〜？』いうてたわ。前にパソコンを値切りまくったときは周りから拍手が起きてたたし」

大：「まあ、俺のこの靴もめっちゃ勉強してもらったからね！」

神：「勉強してくれなんか、恥ずかしくてよう言わんなぁ」

京：「東さんはどう?」

東：「ん〜、勉強は勉強でも、まずは関西弁の勉強からしなきゃな〜」

大：「おっ、ちょっとだけうまいこと言うたな！」

京：「でも35点ぐらいやね！」

東：「おい！」

神：「ちょっと、点数高すぎでしょ」

東：「あっ、フォローしてくれないんだ」

一同：「笑」

東：(いじってくれた。でも、なんか悪い気がしない。なんでだろう。ああ、友だちとして認めてくれた感じがするからか。なんか、うっすらだけど関西人のいいところがわかってきたかも)

おわりに

今回のこの本の誘いを受けたとき、「断ろうかな」とも考えました。だって、とくに関西弁に詳しい専門家でもなんでもないからです。でも、ふと思い返したときに、僕をいつも救ってくれた「笑い」には、関西弁が用いられていることに気がつきました。それなら、「ん〜、関西に恩返しせなあかんかもな」という気持ちが芽生えてしまって、引き受けちゃいました（あ〜しんど、もっと金くれ〜）。

改めて考えると、関西弁って「明るい言葉やな」と思います。関西弁を使っていると、言葉に引っ張られて元気になることがあるんです。それは、テンションが低いと関西弁が活かせないからだと思います。だから、「ほら！　元気ださんかい！」とお尻を叩かれている気がして、なんか不思議な言語やなと思います。

あと関西のすばらしいところは、日々の挫折や失敗に直面したときに、それをネタにして笑いに変えたり、その笑いで自分も面白がれるたくましさです。なんでもかんでも笑いにしろとは言いませんが、自分のダメな部分や失敗を笑いにできたとき、人って肯定されるんじゃないかと思います。

そりゃ、人によっては「短所や失敗は触れたくない」って人もいるでしょう。でもそうしちゃうと、「自分の存在」や「失敗」を肯定できなくなってしまうんじゃないかと思うんです。

「笑い」にできなくても、「それを話題にする」だけでもいい。そうして「短所のおかげで会話ができた」「失敗したから会話ができた」というように肯定していけば、それが前向きに生きていく力になるはずです。僕は、そのような生き方を関西という風土に教えてもらいました。願わくば本書が、皆さんのその一助になれば嬉しい限りです。

偉そうにいろいろ語りましたが、この本を手に取ってくれてありがとう。あなたの人生が笑顔で溢れますように。ほな、またな！

芝山大補

芝山大補　しばやま　だいすけ

ネタ作家。1986年兵庫県生まれ。2007年、NSC大阪校に入学。2009年、2011年にはキング・オブ・コント準決勝進出。現在はネタ作家に転身し、賞レースのファイナリストなど、芸人300組以上のネタ制作に携わる。2019年からは「笑いの力で人間関係に悩む人を救いたい」という想いから、お笑いの技術を言語化して伝える「笑わせ学」に取り組む。現在はYouTubeやTikTokの活動のほか、大学や企業でも講演を実施し、より多くの人に芸人の技術を届けている。著書に『おもろい話し方 芸人だけが知っているウケる会話の法則』(ダイヤモンド社)、『お笑い芸人が教える みんなを笑顔にしちゃう話し方』(えほんの杜)がある。

カバーデザイン　清水 肇(prigraphics)
本文デザイン・企画構成　井澤俊二
イラスト・マンガ　タナカケンイチロウ
校正　滄流社
企画協力　田野美幸
編集担当　飯田祐士

じつは、関西弁が最強の話し方である

著　者　**芝山大補**

編集人　**東田卓郎**
発行人　**殿塚郁夫**
発行所　**株式会社主婦と生活社**
〒104-8357　東京都中央区京橋3-5-7
TEL　03-3563-5129(編集部)
03-3563-5121(販売部)
03-3563-5125(生産部)
https://www.shufu.co.jp

印刷所　**共同印刷株式会社**
製本所　**小泉製本株式会社**

ISBN978-4-391-16342-1

OSAKA